# 和林佳龍一起去旅行

## 那些走讀、療癒、愛戀山海的光合之旅

導讀・林佳龍
主編・潘　潘

# 目 錄
Contents

# 台灣，不是缺少美，而是缺少發現

回想起兩年多前，COVID-19 疫情迅速擴散、衝擊全世界觀光產業。在最危急的關鍵時刻，當時的交通部最高長官林佳龍部長，迅速在一兩週內，針對觀光產業的困境，陸續推出紓困補償政策，從業人員的薪資補助、教育訓練到產業補貼，大家可以一起同甘共苦挺到今天，都要感謝林部長當初的洞察先機與當機立斷。

那段期間，出境旅遊全面熄火，雄獅旅遊也調回所有外派同仁。面對這場沒有硝煙味的戰爭，我開始思索，企業必須轉型、經營策略不得不改變，所以親自率領雄獅一級主管，進行超過 45 趟次的全台走透透考察，重新審視台灣這片土地。

困守台灣，會發現台灣之美與台灣的好。觀光資源也比過去的想像豐富許多。這一點，甚至牽動雄獅在疫情後的營運模式。

各國陸續鬆綁邊境管制，觀光產業可望逐漸復甦。迎接疫後觀光市場，台灣應該從國家政策來思考，配合地緣經濟制定整體策略，打造亮眼的「觀光島」，從發展「首都觀光」開始。

台北，應當放眼國際，以亞洲格局、跨太平洋格局到國際格局，重新定義首都觀光圈，以「世界的台北 Global Taipei」的概念，樹立疫後觀光第一站！ You are First Start ！

　　首都觀光圈的範圍，應該以台北市信義區的 101 大樓作為地標，向四周輻散至台北市、新北市、桃園市、基隆市與宜蘭縣。

　　信義區，不僅是台北人的跨世代記憶，更是全球旅客來到台北時的必遊景點，這裡包含著象徵摩登時尚的信義計畫區、蘊藏豐富人文歷史的松山文創園區，以及有大巨蛋一同參與的未來，若能全力發展，必定能提升台北的國際品牌地位。

王文傑
雄獅集團 董事長

# 疫後的觀光業，
# 應定位為台灣未來的旗艦產業！

　　我與林佳龍部長的緣分，起始於 2019 年由交通部主辦的「全國觀光政策發展會議」。在他登高一呼之下，上千名觀光界的產官學研代表齊聚，各自就政策制度、市場拓源、智慧觀光及旅運、旅行產業、旅宿與遊樂業以及景區資源整備等議題進行討論與建言，我亦受邀與會，共同擬定「Tourism 2030 台灣觀光政策白皮書」。

　　其中令我印象最深刻的是，時任交通部長的他已經洞察到觀光立國的重要性，不遺餘力地推動觀光局改制升格為「交通觀光部」，並修改「觀光發展條例」為「觀光發展法」，以達成 2030 年國際來台旅客 2 千萬的目標，力拚全面提升觀光發展的層次。

　　時間推移至 2020 年初，隨著全球新冠疫情爆發，各國開始實施邊境封鎖。我判斷這次的疫情影響威力之大，絕非靠企業一己之力就能度過，政府的紓困措施也要超前部署才能穩住台灣。因此我做了這輩子從未做過的事，為了觀光產業向政府求救。

　　在晶華獨立董事高志尚的引薦下，我當面向台灣觀光協會會長葉菊蘭說明產業危急狀況。3 月 9 日，葉菊蘭召集各飯店負責人開會協商，當晚、她帶著我向林佳龍部長報告。部長除了迅速做出決策，行

政院、國發會與總統府也都表達關切，快速通過紓困方案。

　　我心中深深感謝高董與葉會長的居中聯繫，更感激林部長與政府的及時雨，讓觀光業免於更嚴重的衝擊。晶華也因為有了第一波的政府補助，開啟轉型為學習性組織的契機，並且奠定後續發展「城市度假型酒店」的基礎，成為業界的楷模。

　　觀光所代表的意義並非只是表面上的送往迎來、短暫佇足。如同聯合國世界旅遊組織（World Tourism Organization）的釋義，觀光旅遊其實是全世界最永續發展的產業。這個行業平等地廣納各階層員工，促進社會流動，更提供大量就業機會，對全球 GDP 的貢獻達百分之十。無論城市或鄉村，觀光也是與在地經濟連結最深、照顧到中小企業與個體戶，更是 LGBT 友善、性別平權，同時維護在地的商業、農業與文化遺跡。

　　林佳龍先生在擔任交通部首長時，就無時無刻關注觀光產業，並且洞察這個產業對於台灣未來永續發展的重要性。我認為台灣的觀光發展並不只侷限於觀光局的職掌與推動，因為它與國家的經濟、科技、外交、教育、文化發展等息息相關，牽涉面向之廣，是真正需要政府跨產業、跨部門協商合作的重點發展產業。若要達成「觀光立國」的目標，就應比照半導體或科技產業發展史，將觀光產業視為國家經濟重要發展的旗艦主流產業，並予政府輔導與扶植，建構更健全、健康的上中下游產業鏈，進而帶動產業創新，創造國際競爭力。

　　我佩服林部長洞見觀瞻的格局與遠見，並且對於振興台灣觀光所做的努力與貢獻。更殷殷期盼政府能把握疫後這波旅遊黃金期、逐步將「觀光主流化」，必能促進台灣觀光產業的永續發展。

潘思亮

晶華國際酒店集團 董事長

# 第一位將觀光產業作為台灣戰略的先行者

台灣！ Formosa ！西元 16 世紀航海路過有人如此驚呼讚嘆！但，台灣的美，卻一直未能以國家戰略之姿，站上世界舞台！

台灣觀光產業以出境旅遊為主力，入境旅遊是這 10 年內才開始蓬勃發展，這當中又仰賴中國大陸觀光客為主，近來，兩岸政治的不穩定因素埋下極大變數，早在全球新冠疫情爆發前，台灣觀光產業結構早已鬆動，轉型勢在必行。

林佳龍部長率先提出台灣戰略觀光政策，從觀光三支箭到「三觀」，以「觀光立國」、「觀光主流化」、到「觀光圈及產業聯盟」，從戰略到戰術，陸續帶領產業轉型，形塑台灣觀光王國形象。

「旅遊不只是觀光，更應該是體驗當地生活」，是讓我更進一步了解部長理念的契機，交通部與台灣觀光策略發展協會（DTTA）專案合作期間，見識部長對觀光產業的熱情與投入，是承諾也是行動。在我個人創業 8 年中，第一次看到願意把觀光當作國家戰略的先行者，而非作為政治口號。

此書，是台灣觀光轉型的成果發表。台灣，四面環海，一小時內可以從海岸到山嵐，各個角落充滿在地人文，陪同部長走遍全台多個觀光圈，拜訪地方創生團隊，從年輕人返鄉、產業轉型、到二代接班，我們看到一群充滿熱情的台灣人，期待林佳龍部長帶領台灣站上世界舞台，讓「在地驕傲，全球知道」。

吳昭輝
台灣觀光策略發展協會 理事長

# 前瞻觀光沒撇步，願意做，就對了！

　　台灣觀光要成為真正的「發光產業」，領導者的高度與視角非常重要，「觀光立國」引領觀光產業本身（各面向）都要能自立自強。觀光是無法外移的產業，我們也許不能成為臺灣經濟的護國神山，但我們絕對是「台灣活力與民生」的重要指標，透過「觀光主流化」讓台灣的科技、醫療、農業、自行車、餐飲等各明星產業都能以觀光為平台、為載具，以「觀光圈」的區域跨業整合建構共好共榮新生活。

　　雖然在這一波 COVID-19 新冠肺炎疫情觀光產業遭受極大衝擊，「觀光三支箭」箭箭著靶，協助觀光產業度過一波又一波難關，也激發出業者的韌性，如何在艱困的環境中能夠成長，「Change」與智慧轉型策略也讓我們看到許多令人感動的實力。

　　台灣觀光資源雖然沒有人家強，但是我們夠深化、夠精緻！

　　台灣觀光產業雖然沒有人家大，但是我們夠熱情、重體驗！

　　台灣觀光預算雖然沒有人家多，但是我們有想法、展創意！

　　Just do it. 做就對了！

台灣，必須隨著時代趨勢不斷地更新變革，「安心、安全」、「零接觸、智慧轉型」、「數位遊牧族」、強調「現在、當下與我」的幸福、「即興、療癒旅行」、「屬於我的特別瞬間」等關鍵字在網際網路、社群飛舞，我們必須找到台灣自己的獨特性與優勢，這有賴最接地氣的部長、願意傾聽的部長、會自己回 Line 的部長、以智慧觀光創新思維的無任所大使做為城市與時代的領導者、台灣產業面向國際發展的總舵手，領航台灣，才能在如此高度競爭的觀光紅海市場中找到屬於臺灣的一線生機。

劉喜臨/
國立高雄餐旅大學觀光研究所 教授

# 最挺觀光業的交通部長
# 看得見對台灣觀光的用心

看到佳龍要出書，我很期待！因為我知道他是一個很懂得怎麼玩的人。

佳龍在擔任交通部長任內，被譽為「最挺觀光業的部長」，他將觀光做為重點工作項目，積極整合跨部會資源、優化旅遊環境，為業者四處奔走發聲，他的認真與拚勁，絕對是大家有目共睹。

當時交通部觀光局研擬《Taiwan Tourism 2030 台灣觀光政策白皮書》由我服務的台灣觀光協會承接，在研擬的過程中，也受到佳龍的大力支持，他不僅肯定我們於白皮書中所提的「觀光立國」與「觀光主流化」發展願景， 也和觀光業保持密切互動，凝聚大家對旅遊發展的共同目標。

這幾年疫情影響了全球旅遊模式，從過去的多點觀光轉變為定點、精緻的深度體驗，也讓我們有更多機會發掘台灣美麗的風景、挖掘在地特色的寶藏。

佳龍將他這一年走訪台灣各個觀光圈，探索在地特色與生活記憶

的連結集結精華在這本書裡。閱讀的過程中，會發現自己已經跟著他的腳步一起上山下海，在稻田間、在湛藍的大海旁，也深入部落與客庄，看見散布在各地的歷史軌跡，品茶、賞工藝、嘗美食，也會看見他的用心，還有台灣觀光的無限魅力，而這樣的魅力與感動，值得我們盡心盡力完善觀光推廣工作，驕傲地把台灣介紹給全世界。

　　台灣這個美麗的國家有說不完的故事，深度旅遊將為觀光發展開創嶄新的道路，歡迎全球的朋友來到這裡，慢慢地體驗，細細地品味，一起來一場光合之旅。

葉菊蘭
台灣觀光協會 會長

# 發掘出台灣最美的角落與最美的故事

　　台灣從過去至今一直都是文化多元的移民社會，並且具備高度的包容性，而歷經族群的融合後，各地也發展出許多特有的文化。

　　近年，隨著社會的進步與發展，人口逐漸集中至大都市地區，尤其是青壯年人口，但台灣各地之產業、文化、景觀與生態仍是台灣多元發展動能的基礎。因此政府大力推動地方創生，促進青年返鄉，希望藉由深植地方的 DNA，促進在地永續以及公益共好等發展，讓在地文化能持續發揚光大，維繫我國永續發展根基。

　　近幾年，如同本書作者走訪各地，發掘當地的故事，本人也以國發會主委的身分訪視各縣市地方創生推動情形，從中看到各地青年對於家鄉的活力與熱情，都願意貢獻一己之力投入當地的發展。不論是活化當地舊有建築物，無償開辦課後輔導中心，提供資源教育偏鄉孩童；抑或是協助在地農業發展，協助農民與在地餐廳或食品工廠之間的媒合，讓全台能品嘗到真正的在地美食。

　　當然，青年返鄉也往往發生世代之間的磨合，青年的創新思維與家中長輩的傳統觀念彼此不同，但青年人仍舊憑藉著在地深耕的認情，

改變了家中長輩的想法。許許多多的故事，需透過實際的當地走訪，才能夠實際的了解並被發掘出來。

　　本書中，作者透過走訪各地，發掘出台灣最美的角落、以及最美的故事，讓讀者能更進一步透過書中介紹，了解當地文化故事。近年國內觀光產業因疫情的影響遭受衝擊，但是在觀光的建設以及文化的傳承仍持續進行、永不停止，期待在疫情之後，讀者能親自走訪各地，親身體驗在地景觀與文化風貌。

龔明鑫
國家發展委員會 主任委員

有「台灣的眼睛」之稱的三貂角燈塔，日夜守護討海人，是台灣最東邊的燈塔；不遠處的卯澳馬崗小漁村，
純樸安靜，百年石頭屋裡還住著海女守護傳統。

# 迎風山海戀
## 大東北角

再怎麼廣角的鏡頭，也塞不下東北角之美，在上百公里的海岸線上恣意奔馳，令人貪戀的豈止小卷米粉，藍天悠悠山海無盡藏，再多庸人自擾終究也如細砂，被白浪捲走、被海風吹散。

　　山這邊、海那邊，大東北角資源豐富，新北的瑞芳、平溪、雙溪、貢寮，以及宜蘭的頭城、礁溪、壯圍、宜市、員山、羅東、五結、三星、冬山、蘇澳，這 14 鄉鎮距離不遠，點到點開車不到 1 小時，旅程串連輕鬆寫意。

　　在潮汐、季風及造山運動交互影響下，這裡擁有北台灣最精采的戶外地質教室，由北而南包括卯澳、南雅、鼻頭角、龍洞岬、鶯歌石及北關等地，有壯觀的海蝕平台、風化奇石、豆腐岩、峭壁奇景，可以戲水、追風、磯釣、攀岩，讓心跳加速、氣血澎湃。

　　想要發懶、放空的話，就走一趟水湳洞陰陽海、「空中之城」十三層遺址，那濂洞國小的山坡階梯，還被形容像日本動畫《你的名字》的場景，純樸而寧靜。

　　旅人的樂園，其實是在地人的家園。三貂角燈塔、鼻頭角燈塔，

靜靜守護出海的人；一群打死不退的追夢人，圈海養魚養蝦養九孔鮑魚；小漁村人口稀疏，海女樂天知命，眉宇間刻著一輩子與海共存的決心。

　　我也走你的路，在東北角及蘭陽平原上，有回歸、有守護，感謝這些出海、耕作、開餐廳、做生意、保護傳統文化的人，因為這些努力，才有這片永久流傳的山海濃純鄉。

# 壯圍

都會後花園的親子農耕遊

魚塭中重現耕牛文化

---

　　從台北出發來到宜蘭縣壯圍鄉，距離不到
50 公里，這個位於蘭陽溪上的豐饒美地，在地
人卻視它為偏鄉，相比鄰近的礁溪有溫泉、羅
東有夜市，壯圍有海有田，一直不容易擠進旅
人的必遊清單。

　　不過，在壯圍大福路上，夾在一望無際的
魚塭中，一處低調復興耕牛文化的「牛頭司—
耕牛小學堂」，近年屢獲媒體報導；遊客可以
幫牛洗澡、牽牛散步、帶牛犁田，成了體驗古
早農村生活的新亮點。

　　牛頭司創辦人之一的沈國源說：「在親子
客心中，宜蘭就是一個可愛動物王國，有鹿、
水豚、草泥馬、狐、羊、豬、牛……等應有盡有，
但我們不希望小朋友來這裡只是餵餵草、繞一
圈就走。」他們設計了不少農村活動，讓人在

宜蘭壯圍大福路的一望無際魚塭中，有一處低調復興耕牛文化的「牛頭司—耕牛小學堂」，近年屢獲媒體報導。

草地跑跳、以牛車可以玩平衡、用曬乾的牛糞點火做爆米花，希望讓人帶走美好回憶。

　　台灣以農立國，自古與牛即有不解之緣，不少文學家和藝術家，都以作品表達牛與人、土地、農事的關係，傳承歌頌「牛」的韌奮精神。

## 曬乾牛糞當火種爆環保爆米花
## 談台灣牛論農事也玩趣味

　　以務農、養殖為主的壯圍鄉，高齡化問題嚴重，據統計，當地老化指數飆破 180（老年人口相當幼年人口的 1.8 倍），在地興盛的養殖業興盛過於依賴盤商，未能自產自銷發展品牌，每遇市場崩盤常見休養或棄養。

　　牛頭司利用廢棄魚塭養牛、作為訓練牛耕田的教育基地，成為在地的不同風景，「不過，不管是地方串連、還是文化觀光，剛開始的時候，鄰居們對我們做的事沒興趣，主要是不符經濟效益。」沈國源嘆道。

保存耕牛文化，和家族歷史有關。沈國源的外公是牛販，牛頭司是他和舅舅黃和誠共同創立。

　　有一年宜蘭綠色博覽會，人稱牛老爹的舅舅替主辦單位牽牛到現場演出，想起兒時幫牛販父親牽牛的回憶，才動了養牛念頭，找上返鄉的沈國源一塊圓夢。

　　「什麼人牽什麼牛？急躁的農夫要配很衝的牛，如果配到慢吞吞的牛；牛也不是天生愛耕田，有的會耍牛脾氣或跑給人追，牛販要懂得訓牛，不受教的牛沒人要。」沈國源說得頭頭是道，一開始他並沒有養牛經驗，一切都是做中學。

　　像一頭牛一天要吃 60 公斤草料，去哪割草、如何儲草過冬，這些查不到的農村「常識」，他只能從頭摸索，為了維護牛舍乾淨，牛糞滿身被嫌臭是家常便飯，比較難受的是家人「做傻事」的質疑，以及

來到「牛頭司－耕牛小學堂」，遊客可以幫牛洗澡、牽牛散步、帶牛犁田，體驗古早農村生活。

台灣以農立國，自古與牛即有不解之緣，許多文人、藝術家，都以作品傳承歌頌「牛」的韌奮精神。

外界不理解的眼光。

養牛要幹嘛？除了懷舊，有必要重建耕牛場域嗎？關於這些指教，沈國源想的比誰都深：「300多年前荷蘭人引進黃牛耕田時，管理牛隻的單位就是牛頭司；無論在感情、歷史或文化記憶上，牛和台灣有很深的連結，卻因為進入工業化年代消失殆盡，這樣不是很可惜嗎？」他認為，這並不能以「用牛耕田是一種體力活」的單一角度來看，畢竟一個文化消失的原因，成因往往就是無法在現代社會彰顯價值，「因此，如何把一個看似沒有價值的文化，發掘新價值傳達給大眾，成為很重要的事，這也是我們的困難所在。」

## 牛糞堆肥改善魚塭土地鹽化
## 產生文化與農業永續新價值

隨時間過去，所有的困難、質疑漸漸有答案，「一頭牛一天排30公斤糞便，引發嚴重蒼蠅問題，我們利用牛糞堆肥，改善魚塭土地鹽化的問題，效果傳出去，不少友善農業的朋友都來要牛糞，這是文化與農業永續的新價值。」沈國源說。

牛老爹的兒子黃勁凱大學畢業後加入經營，他認為，全台各地都有農村文化的推廣活動，除了插秧之外，如何利用耕牛元素做得更深更廣，並與學校機關、關注農業的團體相互合作，是牛頭司的特長。

黃勁凱說：「以前農人一年只休一天，那就是冬至，因為要去街上繳田租，後來冬至也成了牛的生日，農人會搓湯圓，把『圓仔釘』

黏在牛角上，感謝牠一年辛勞。為了重建這項消失的農耕文化，讓它活出課本，牛頭司每逢冬至就會搓『圓仔釘』、替牛慶生。」

找到定位的牛頭司，參觀人次漸漸成長。2016 年成立至今，一個月約 800 到 1200 人到訪，宜蘭縣政府也將牛頭司當作壯圍意象，舉辦邊村牛、歡樂宜蘭年等活動都少不了牛頭司，此外，透過觀光局的「大東北角觀光圈」，牛頭司獲得不少曝光，「自助人助吧，不然我們也沒有錢去對外宣傳！」沈國源笑說。

2021 年適逢牛年，牛頭司的媒體採訪爆增，可惜遇上疫情三級警戒，暑假旺季不旺，不過沈國源和黃勁凱相信，後疫情年代，不只國內遊客會愈來愈多，外國人也會來，因為牛頭司的耕牛文化不只是台灣特色，更有機會走出國際，成為華人世界的代表文化，吸引更多華人到訪。

宜蘭縣政府將牛頭司當作壯圍意象，舉辦邊村牛、歡樂宜蘭年等活動，再加上交通部觀光局的「大東北角觀光圈」，讓隱身廢棄魚塭中的牛頭司成為東北角新亮點。

牛頭司利用牛糞堆肥，改善魚塭土地鹽化的問題，創造農業永續的新價值，正好呼應了聯合國永續發展目標。

# 沈國源、黃勁凱

沈國源、黃勁凱，保存耕牛文化，和家族歷史有關。承接牛販外公與舅舅的事業，從文化與農業永續的新價值，重新發聲。

## 認識壯圍市

**面積**：35.3平方公里 ｜ **人口**：2萬4千多人

**地理特色**：蘭陽溪出口的北方，東臨太平洋，西與礁溪鄉與宜蘭市為鄰，北臨頭城鎮，南接五結鄉，在綿延的海岸線上，沙丘地景是一大特色。鄉內盛產稻米、青蔥及哈密瓜等，除了田園風景，濱海公路一帶養殖魚業興盛。

# 宜蘭

漁港辦桌展現舌尖上的宜蘭味

法餐女主廚顛覆都會人想像

---

「台北人常說，你們宜蘭是我們的後花園，不然就是強調宜蘭除了肉羹就是肉羹，吃來吃去都是那些，好像沒有別的了。」法餐主廚張雅雯特別解釋「宜蘭人為什麼吃肉羹？」因為傳統農業社會普遍貧窮，宜蘭氣候濕冷，人們在勞動後，享用一碗熱騰騰的肉羹，暖身又暖心。

1986 年出生於員山的張雅雯，述說著她想傳遞的宜蘭文化。

## 米其林餐廳指定夢幻食材「噶瑪蘭黑豚」在地終於吃得到

熱愛宜蘭的她，學生時期就讀餐飲系，畢業後在台北亞都麗緻飯店工作、去過法國，

2014 年在宜蘭車站附近開了一家「Le Temps 食光 1998」法式餐酒館。

張雅雯回憶法國經驗、也是驚豔,「當地的法國餐廳不是只賣牛排、義大利麵、鵝肝、魚子醬,店主人的家鄉菜,才真正是靈魂所在。」聰明的她將其相映在自家餐廳的菜單設計,而且,堅持使用在地食材,非必要不進口;不用半成品、繁複的醬汁自己做。

於是乎,菜色被網友形容有趣又好吃,蔥油餅、糕渣加了起司用法式手法調味優雅上桌,義大利麵內有媽媽手釀的豆腐乳令人驚豔。

一客售價 5、600 元的戰斧豬排,是店裡的招牌,使用冬山宜陽牧場養的「噶瑪蘭黑豚」。這項米其林餐廳指定的夢幻食材,有錢也買不到,卻在張雅雯的懇求下破例供貨。

雪隧通了之後,對外交通更方便,宜蘭成了台北的後花園。

「為何好東西都賣到台北，在地人卻吃不到？」這樣的理念，獲得宜陽牧場支持，但一開始，她也擔心宜蘭沒有這樣的消費力。直到透過手藝與美味、上菜服務與介紹，證明本地也吃得起。

## 漁港辦桌談宜蘭之美
## 伴噶瑪蘭古調吟唱品嘗傳統宜蘭味

　　能夠圓夢開餐廳，張雅雯自覺很幸運，但遊客的喜新厭舊，仍考驗著地方觀光的實力，「或許這塊平原需要的地方創生，發展每個城鎮的特色，讓觀光客不會只是走馬看花。」

　　宜蘭就是宜蘭，必須建立自己的家鄉品牌認同感。她將餐廳搬出建築物，周年慶時，在餐廳門口辦桌，邀請「渡小月」主廚陳兆麟師傅親臨，講解宜蘭辦桌文化；或舉辦大溪漁港辦桌、吃西式快炒，安排達人介紹漁港特色，讓客人意猶未盡，敲碗來年再續！

　　異業結盟也帶來成長。2020 年，蘭陽博物館辦的閃冬小市集壓軸活動，邀請關心在地飲食文化的店家共同舉辦「夜宴蘭博」，在聆聽噶瑪蘭古調吟唱中，品嘗傳統宜蘭味，餐點的設計主廚正是張雅雯。

**地方好朋友** 　張雅雯

張雅雯是宜蘭在地青創團隊「宜蘭時光團隊主席」，曾經是食光 1998 餐酒館創辦人，也是從產地到餐桌「三星中福酒廠」餐會主廚、三星民宿產學聯盟固定客座講師。

## 認識宜蘭市

**面積**：29.4 平方公里 ｜ **人口**：9.5 萬人

**地理特色**：宜蘭市位於台灣蘭陽平原精華區的中央，東接壯圍鄉，西連員山鄉，南鄰蘭陽溪與五結鄉相對，北接礁溪鄉。此地的代表性美食眾多，如：肉羹、扁食、牛舌餅、糕渣、西魯肉、鴨賞等。旅遊景點則包括幾米廣場、東門夜市、昭應宮、宜蘭磚窯等。宜蘭舊市區保有自清朝或日治時代所傳承下來的舊產業，像「打鐵街」武營街。

冬山

打造全台灣最不澀的奇蹟紅茶

返鄉青農創發酵茶新潮流

從谷歌地圖輸入「冬山」，沒想到「茶園」二字關鍵字躍出，群山環繞的冬山一直是茶鄉，以往都是自種自銷，卻因為進口廉價茶入侵陷入困境，直到開始轉型種出「全台灣最不會澀的紅茶」才翻轉命運。

「台灣經濟起飛年代，宜蘭茶農曾經替阿里山、坪林等地代工凍頂烏龍茶，實力堅強，卻未受注目。」站在老字號的正福茶園裡，1983 年出生的游正福是第四代，說起家鄉句句疼惜。

好茶需要好環境，宜蘭冬山多雨、日夜溫差大，因此山頭氣重，而礫土又有過濾雨水的作用，甜水變成茶葉養份，種出來的茶甘醇耐泡。

好茶需要好環境，宜蘭冬山多雨、日夜溫差大，而礫土又有過濾雨水的作用，甜水變成茶葉養份，種出來的茶，甘醇耐泡。

前交通部長林佳龍造訪正福茶園時提到，產業要扎根、觀光要升級，就要讓自然說話、風土深入記憶，政策需要具備前瞻性，以及長期投入才能看出成效。

不過，務農辛苦、地位又不高，游正福當過農業逃兵，「早年台灣人對家鄉沒自信，只會往外看，我小時候也看不起自己的東西，一度離開。」在他記憶中，兒時家裡除了種茶，還兼種稻米、柚子，全年無喘息。

他因此討厭務農，年輕世代一樣、長大離鄉，後來投入電子業，奮鬥幾年才發現，原本心之所嚮的電子業，早已不是科技新貴黃金年代。

## 新工法「宜蘭茶」甘醇耐泡
## 無懼 WTO 衝擊　價格三倍跳

歷經職場的磨練，他從幾次出差經驗，看到家鄉其實很美好的對照，他說：「同樣種茶，日本茶園可以透過研發及行銷揚名國際，為何台灣不行？」這一來，讓他有了回鄉想法。

只是，返鄉第一步慘遭滑鐵盧，「12 年前，手搖飲風氣剛起，我以為開飲料店會成功，怎知客人習慣喝掺有香精的廉價茶，我們的茶是好茶，只因貴別人 10 元就賣不動，少數回頭客是有喝高山茶習慣的

人，撐不了生意。」

收掉飲料店，他深刻檢討，發現台灣在 1992 年加入 WTO 後，茶葉關稅大降，一斤 600 元破盤價的越南茶，混充高山茶大舉侵台、佔領飲料店，重創本地茶葉市場，即使父親種的烏龍茶年年得冠軍，也變得不好賣。

「宜蘭過去交通不便、地理封閉，茶產業也偏向封閉經濟，上一代習慣靠農會輔導，在地自種自銷，遇到時代衝擊走不出去，再這樣下去不行。」

透過市調，游正福認為父親長年耕耘的精緻茶路線大有可為，但必須開發能走出宜蘭的精品茶，像百貨公司櫃上擺的高價花茶，全是國外品牌，卻沒有本地產品，顯然花茶是未開發的市場，於是他帶著自家的柚子花茶勤跑北部市集、商場推廣，很幸運地被法國、日本廠商發現，打開柚子花茶外銷通路。

## 發酵茶新潮流 「花蜜香紅茶」、「白鷺紅茶」 成為明星商品

考慮柚子花茶一年只有一季，游正福聚焦發酵茶新潮流，「那幾年花蓮剛推蜜香紅茶，新竹主打東方美人茶，我向父親提議做有機紅茶，但爸爸認為有機農法門檻高，紅茶又是低價茶，起初不贊成。我們吵了一年後，傳來農改場要輔導宜蘭的茶農發展紅茶，出現轉機。」

說起宜蘭產區的小葉種「素馨紅茶」，游正福面露自信，強調「不

只清香甘醇，而且不會澀。」他解釋，「素馨紅茶」改良了傳統紅茶製程缺點，混合烏龍茶工法，熬夜攪拌走水，將紅茶天生的澀味帶走，所以宜蘭紅茶又叫功夫紅茶，可說是「全台灣最不會澀的紅茶。」

為了做出差異化，游正福與父親將農改場輔導的素馨紅茶，調出花蜜味，改名叫「花蜜香紅茶」。此外，父子倆還將多數人放棄的台茶17號，研發成香氣更濃郁的「白鷺紅茶」，他形容台茶17像野性難馴的武功高手，高大強壯且茶味特濃，過去做成包種茶卻因魚腥味太重失敗，克服缺點反而成為明星商品。

「我跑北部推廣10年，辛苦終於有代價。」近年正福茶園的紅茶被吳寶春團隊相中，納入聯名商品，還有啤酒工場等合作邀約上門，名聲大噪。更令他開心的是，如今不只正福茶園受外界肯定，宜蘭產區的紅茶身價也水漲船高，十年前一斤一千多如今漲到三千多元甚到上萬元，名氣不輸日月潭、花蓮。

近年正福茶園的紅茶被吳寶春團隊相中，納入聯名商品，還有啤酒工場等合作邀約上門，名聲大噪。

宜蘭冬山近年朝精緻農業、休閒農業兩方向發展，不只正福茶園受外界肯定，也帶動宜蘭產區的紅茶身價也水漲船高，名氣不輸日月潭、花蓮。

## 結盟在地青農挖掘家鄉事
## 先感動自己人再感動外地人

　　正福茶園也開放遊客預約參觀，游正福喜歡講訴關於茶花與蜜蜂、鳥與老鷹的互動，以及他用心挖掘的家鄉歷史，「宜蘭從清朝開始種茶，日本時代透過跑馬古道運茶葉，將武荖坑茗茶獻給天皇，這些上一代知道的事，如今已無人傳述。」

　　種茶之外，為何要做這些事？游正福認為，產業要扎根觀光要升級，就要讓自然說話、風土深入記憶，「要感動人先感動自己，自己的家鄉，自己人不做地緣追溯，外地人更難追溯。」他感嘆，本地習慣炒短線，說是地方創生，卻往往強加和地方脈絡無關的建設，變成「地方創傷」；有些政策具前瞻性，像大東北角觀光圈，但需要長線投入才能看出成效。

　　游正福相信，在地團結家鄉才能共好，因此他積極與頭城、礁溪等返鄉青年異業結盟，一塊挖掘在地故事、建置宜蘭風土資料庫，期待未來回甘的不只是宜蘭茶，還有更多關於宜蘭的精采待續。

宜蘭冬山茶農談當地的茶史，指出以往曾經替阿里山、坪林等地代工凍頂烏龍茶，實力堅強，但一直未受注目。

# 游正福

游正福當過農業逃兵，原離鄉投入電子業的他，從幾次出差經驗發現，父親長年耕耘的精緻茶路線大有可為，但必須開發能走出宜蘭的精品茶，進而讓他有了回鄉推廣宜蘭茶的想法。

## 認識冬山鄉

**面積**：79.86 平方公里 ｜ **人口**：5 萬 3 千多人

**地理特色**：冬山舊名冬瓜山，因為境內有座狀似冬瓜的小山，戰後改名冬山。冬山位於宜蘭縣中部，地處宜蘭平原南端、中央山脈北端，依山而住的住民利用丘陵和平原，早期多種茶，近年朝精緻農業、休閒農業兩方向發展。冬山河整治後，水患減少，梅花湖、冬山生態綠洲等自然景觀豐富，每年舉辦的冬山茶藝節、綠色博覽會遊客如織。

## 觀光是無煙囪工業　帶動產業的火車頭

　　百年石頭屋、磯釣熱點、貓村、貢寮鮑以及大片的海蝕平台，這些是台灣最東邊的馬崗漁村特色。

　　馬崗歲月靜好，但交通不便，雖然鄰近三貂角、貢寮，早年在官方的觀光地圖上卻連個介紹都沒有，直到 2020 年「台灣好行 - 宜蘭東北角海岸線」綠 19 路線開通，才有了改變。

　　「馬崗街 27 號咖啡小館」主人游伯軒回想以前，假日的觀光客稀稀落落、一天不到 200 人，如今已經爆增到 2,000 人之多。交通是重要的基礎，把人潮帶入馬崗，如今此地已經成了療癒打卡點。

　　游伯軒還記得，綠 19 公車沿著東北角海岸線行駛，開通時是在交通部長林佳龍任內，部長還親自來貢寮、石城宣傳，「他是唯一一位實地踏查東北角的交通部長。」他的眼中盡是感激之情。

　　「交通應該為觀光服務！」游伯軒印象深刻，林佳龍多次在公開演講強調，「觀光業」是無煙囪工業、也是台灣未來最大的產業，一個重要的火車頭產業，可以涵括並帶動「食、宿、遊、購、行」的最大服務業。

馬崗原是冷門的景點，因為「台灣好行 - 宜蘭東北角海岸線」綠19路線的開設，帶入人潮、成了療癒打卡點。

來到台灣極東點三貂角附近馬崗漁港，一進小漁村就看到指標導引：馬崗街 27 號咖啡小館。

2甲

★ 景點 ┃ 草嶺古道
　　　　　聖母山莊（抹茶山）
　　　　　新平溪煤礦博物館
　　　　　福隆沙雕藝術季

● 美食 ┃ 馬崗街27號咖啡小館
　　　　　吉姆老爹啤酒工廠
　　　　　Le Temps 食光1998

▽ 體驗 ┃ 貢寮和禾水梯田
　　　　　頭城農場
　　　　　牛頭司親子體驗農場
　　　　　廢墟餐廳
　　　　　三星四季青花瓷
　　　　　正福茶園
　　　　　蘇澳/南方澳SUP獨木舟

① 基隆

2

2丙

新平溪煤礦博物館

福隆沙雕藝術季
貢寮和禾水梯田 ▽ ★
馬崗街27號咖啡小館 ★

2 草嶺古道

3

9

新北

5 頭城農場 ▽

聖母山莊（抹茶山）
★

吉姆老爹啤酒工廠

牛頭司親子
體驗農場 ▽

● Le Temps 食光1998

▽ 廢墟餐廳

三星四季青花瓷 ▽

宜蘭

9

2

正福茶園

蘇澳/南方澳 SUP 獨木舟

9丁

台東加路蘭位於東河鄉的阿美族部落，阿美族語稱為「kararuan」，意指洗頭髮的地方，因附近小溪富含黏地礦物質、洗髮後自然潤濕亮麗而得名。

山海縱遊／
花東

行旅花東，是兩條縱走的軸線。一山一海，錯落不同的景物，卻有著同樣溫熱的人情。

　　山線循著全台第二長公路台 9 線，走進物產豐饒的花東縱谷，綠野阡陌，四季流轉不同的色彩：初春的油菜花與波斯菊、赤夏的金針和吉安韭、晚秋隨風翻騰的金黃稻浪⋯⋯，還有盛夏在鹿野高台上冉冉升起的繽紛熱氣球，都帶給人們無以名狀的沸騰感動。

　　海線是迎著太平洋的風，沿台 11 線延伸的美麗海岸線。這片海無限湛藍，黑潮帶來鬼頭刀、旗魚、黃鰭鮪、還有陽光下閃爍的飛魚，大海就是在地人的冰箱。浪濤拍碎了海岸，蝕成壯闊天成的小野柳、石梯坪，復有黑潮與海風溫暖而滋養這塊土地，黏著遊子、也牽絆旅人，即便離開，總忍不住想歸來。

　　花東一向被視為後山，是遠離塵囂的後花園。曾經崎嶇的交通，讓此地保留了純淨的山海與人情；近年來花東線鐵路瓶頸路段雙軌化與南迴鐵路電氣化，縮短南來北往的車程，也讓更多人得以親近花東的美好。

不只天然美景，台東擁有台灣所發現最古老的長濱文化、保存最完整的卑南遺址，花蓮掃叭石柱則是考古學上有趣的謎題，鮮明的原民文化，俯拾皆是故事與傳奇。日治 50 年大批日人移民後山，也留下了林田山、慶修院、鹿野神社等遺址，在歲月斑駁中靜靜訴說著歷史。

　　近年，花東吹起藝文浪潮，鐵花村的音樂聚落、2015 年以來的東海岸大地藝術節、邁向第 26 年的國際石雕藝術季，連結旅人、拜訪者與在地生活者，從藝術中尋回生活中最真實的感動。

　　「旅行，永遠是遇見真實故事最好的時刻。」旅讀花東，每一次相遇都是重逢，走進山林聽部落老人家說故事，分享一杯芳甜暖心的小米酒，讓眉頭隨著徐徐南風舒緩開來，再無煩惱。

# 豐富部落

海岸咖啡遠眺太平洋無敵美景

享用阿美族國際冠軍主廚料理

　　這天來到豐富部落，正是歲末冬寒的時候，部落老人家群聚在屋簷下烤火，唯有幾個孩子頂著毛毛細雨，在無人的馬路上嬉戲。

　　部落頭目許永哲說：「我們部落大大小小不到 100 個人，現在房子比人多囉！」儘管人老村寂，他臉上仍帶著笑容，幽默笑道：「要收咖啡的時候，還能動的就叫來採收！」

　　他 17 年前在荒廢的橄欖園裡種下 2,000 株咖啡苗，而今隨著時間茁長結果，9 年前女兒許清娟為他成立品牌「海岸咖啡」。經由海風滋養的豆子帶有淡淡鹹味，彷彿太平洋的海與風，都匯聚在這杯咖啡裡。

　　這凝聚兩代的香醇，也是一杯帶部落青年回家的咖啡。許家父女以此為基礎，結合原民

出身頭目世家的許永哲、葉美珠希望能透過咖啡產業活絡地方，為部落增加工作機會，也讓年輕人得以返鄉。

許清娟希望透過咖啡莊園遊程與產業，為部落創造就業機會。（圖片提供／光覺攝影）

文化與部落野宴，發展出獨一無二的祕境行旅，希望藉由產業帶動部落經濟、創造工作機會，也能為出外族人找到一條歸鄉的路。

## 山頂莊園 DIY 體驗柴火烘豆
## 走訪體驗部落阿美族文化

「部落族人，大部分都是做到受傷才回來。」在豐富部落長大的許清娟說，父親也是、當年隨著工程隊四處遷徙，從台北、台南到雲林六輕，「工作在那裡，人就到哪裡。」他們姊弟則跟著祖父母待在部落，直到 20 多年前阿公驟逝，才讓爸媽提早回鄉。

愛喝咖啡的許永哲回鄉後，便在橄欖樹下種咖啡，這看在女兒眼中簡直不可思議：「我爸完全不知道怎麼種，一次買了 2,000 株咖啡苗，竟然也莫名其妙種起來！」正是因為種來自己喝，他堅持用落葉堆肥、不施農藥，收成的咖啡果實較小，還得先讓猴子、山羌、林鳥品嚐。

儘管收成後有人小量收購，也在部落裡販售，「把雜貨店弄得很像咖啡館，但部落在僻靜的台 11 甲線上，根本沒人來！」這番窘境，直到在台北從事服裝設計的許清娟休育嬰假、常回部落後，才有所改變。

閒不下來的她在 2013 年成立品牌，透過網路銷售，但最常碰上的問題是：「大家都不相信花蓮有種咖啡！」於是，她邀請朋友到部落，在山頂咖啡莊園體驗柴火烘豆、在森林中品嚐阿美族料理，竟無意間催生了部落導覽巡禮。

許永哲（右一）與葉美珠（左一）返鄉 20 多年，在棄收的橄欖樹下種咖啡。以網杓就著柴火烘豆，本是早期沒設備時不得不然的過程，如今卻成為讓遊客驚艷的體驗。

以 19 歲之齡奪下的 2017 年亞洲料理名人賽金牌的主廚林諾凡，結合阿美族在地食材推出創意料理。（圖片提供／光覺攝影）

## 亞洲料理名人賽金牌主廚
## 以原鄉食材入菜料理創意野宴

許清娟說，朋友的驚喜反應是開辦遊程的原因之一，另一動力則來自同在部落長大、曾獲亞洲料理名人賽金牌的年輕主廚林諾凡。「他有很好的機會出去發展，但他和我們一樣由阿公阿嬤帶大，不想離開部落太遠。」雙方合作，打造部落廚房與咖啡的完美結合。

他們規畫半天遊程，包括部落導覽、烘豆體驗與部落野宴。由許清娟的堂叔帶領，從百年前的部落遷徙，說到阿美族崇敬大自然的傳統，與充滿智慧的野蔬文化，一路沿著蜿蜒山路來到半山腰的部落廚房。

在此處迎接旅人的，是許永哲親手打造的開放式餐廳，主廚林諾凡以法式料理手法，使用藤心、牧草心、苦茄等在地原民食材，變化出創意料理。最後旅人則來到山頂咖啡園，就著柴火烘焙專屬自己的咖啡豆，一邊欣賞可遠眺太平洋的無敵海景。

「我們出去工作有點像在流浪，回家做這件事，是希望解決部落隔代教養和沒有工作機會的問題。」許清娟國中畢業就離鄉，一代又一代的漂浪，彷彿世襲。

若家鄉有產業發展、能讓人就業，回家仍是部落青年心中的想望，「現在，不管是遊程的導覽員，還是餐廳、咖啡屋雇用的外場人員、廚房助手，都是在地人。」近期，他們再開設編織、皮雕、米酒釀等體驗課程，也啟用部落媽媽來當師資，希望創造更多就業機會，藉此改變部落生態。在許清娟心中，關於部落的幸福藍圖也逐漸開展。

海岸咖啡在豐富部落與富源山區共有近 4 甲咖啡園，風味略有不同，並於 2019 年花蓮原住民咖啡杯測評鑑比賽中獲頭等獎。

地方好朋友　　## 許清娟

許清娟協助父親創立「海岸咖啡」品牌，將豐富部落種植的咖啡產業化、品牌化，並推出咖啡莊園導覽遊程，活絡在地經濟，創造就業機會。

## 💬 細說海岸咖啡

· 2019 年，獲得花蓮縣原住民咖啡好評系列活動杯測評鑑比賽獲頭等獎及貳等獎。

· 以咖啡產業活絡在地經濟，藉此增加部落就業機會，減少隔代教養問題。

· 透過體驗讓更多人了解原民文化，去除根深柢固的族群誤解；同時推廣阿美族野蔬文化，傳承先民智慧。

· 2021 年東部海岸國家風景區管理處協助推動豐富部落「海岸咖啡 Pahanhan 部落雜貨店──青年協力改造計畫」。

# 饗嚮台東

鹿野紅烏龍茶榮登國際名茶精品
製茶冠軍推農遊體驗

---

　　開車從花蓮往台東，過了長濱觀景台轉入台30線後再走台9線往南，先經過六十石山金針花海、後越過富里花海景觀區，再穿過武陵綠色隧道，便是民初文人胡適父親、亦是清末台東知州胡傳所稱的「台東第一大平原」——鹿野鄉。

　　相傳此處曾是群鹿奔馳、原民逐獵之地，如今則成為物產豐饒之鄉，紅烏龍、鳳梨、火龍果、釋迦、香蕉等，推出四季採果體驗已久的「饗嚮台東」創辦人釧南雁，串聯台東鹿野地區小農、商家與部落，將耕作日常設計為農事體驗，部落祭典轉化為實境遊戲，並整合在地食、宿、旅、購，深入地方的豐富遊程與完整資訊平台，讓饗嚮在短短5年內打響名號。

鹿野物產豐饒，也是以紅烏龍茶聞名的茶鄉。

## 採茶、採果、DIY 冰棒與果醬
## 土地野趣享受鹿野小旅行

　　饗嚮台東其實是台東好物選物店，提供外地旅人台東地區好吃、好買、好刷卡、線上回購也方便的入門；如果遊客對其中一個商家有興趣，再深入前往該旗艦店消費。

　　護理師出身的釧南雁，8 年前返鄉，回到鹿野協助爸媽經營民宿，原本只想在民宿旁開一家溫馨小店，卻在回鄉後發現在地經營的瓶頸。

　　鹿野雖然有知名的熱氣球季，45 天活動帶來百萬人潮、少數商家飽賺大半年，但其它 10 個月仍面臨無人窘境。

　　鹿野地區多數居民以務農維生，他們催生融入當地生活體驗的概念，2016 年共同推動「玩 Good 鹿野」小旅行，隔年將此理念公司化，

釧南雁（左）將耕作日常轉化為農遊體驗，讓遊客感受土地溫暖，
也體會小農耕作的用心與農產價值。

成立「饗嚮台東」。

　　他們與友善小農合作，帶遊客走進茶園、果園認識作物，從單純採茶、採果，延伸到認識茶、茶道、冰棒 DIY、做果醬等活動，更推出大地餐桌，由店家運用在地食材一起出菜，水果也是田地裡的吃法，「鳳梨直接剖開吃、不削皮，就像吃西瓜一樣！」充滿土地野趣，讓遊客與在地人產生連結。

　　頭一年體驗行程僅有 200~300 人次參與，口碑打開後人數年年翻倍，也驅使他們走向更多元。

## 鹿野紅烏龍茶
## 被 TWG TEA 列為全球五大名茶精品

鹿野地區種茶歷史已逾一甲子，紅烏龍是在地原生的特色茶，更曾在 2015 年被新加坡奢華茶館品牌 TWG TEA 列為全球 5 大名茶。他們帶領採茶體驗，後續以茶餐、茶葉、茶點為後盾，接續體驗故事的延伸。

鹿野紅烏龍風味好，但種植面積僅 100 多公頃，產量少、品質難穩定；也因此，這款好茶遲遲未被大眾周知。

早期，她還因為擔心，決定自己製茶，沒想到在 2020 年獲得台東縣製茶技術比賽冠軍之後，她更埋頭鑽研茶樹種植、茶園管理，自己成了茶農，也觸發她組織「紅烏龍合作社」，盼透過在地團結與合作，提高紅烏龍的質量與能見度。

這想法獲得地方認同，38 位社員涵蓋在地 9 成茶農、茶廠、茶商，參與者多為年輕第二代。過去大家單打獨鬥，茶品質再好也是一斤 800 元封頂，但合作社採取分級收購，每斤茶的收購價從一斤 1,100 元起跳，若是品質精良，甚至可達一斤 3,200 元；至於次級茶，則可轉作茶點心、茶餅乾。

「合作社收購價格穩定，茶農更可以專心農事。」釧南雁期望，透過「共好」的生態圈，為地方創造長期而廣泛的收益，成為年輕人回鄉種茶的誘因，讓過去荒蕪、轉作的茶園復耕，「有如池上米的發展，不再有荒廢的田，處處都是友善的茶園。」

饗嚮台東推出的紅烏龍茶餅，是鹿野限定的伴手好物。

釧南雁串聯在地小農、商家與部落場域，透過體驗行程帶領遊客深度旅遊台東，
也在鹿野設立台東好物選品店。

# 釧南雁

饗嚮台東創辦人、鹿野紅烏龍合作社理事長釧南雁，原為護理師，返鄉協助父母經營民宿，並與在地返鄉青年、移居伙伴推動「玩 Good 鹿野」小旅行，成立品牌「饗嚮台東」，提供農事、部落體驗活動、台東農產好物銷售與電商平台。近兩年，她再成立農村體驗實體店，舉辦「鹿野一山一市集」並與茶農、茶廠、茶商合組「紅烏龍合作社」農遊市集。

## 認識鹿野鄉

**面積**：90 平方公里 | **人口**：約 7500 人

**地理特色**：位於花東縱谷內，地形涵蓋高山、丘陵、台地及平原，以大面積梯田最具特色

· 農業為經濟主力，稻米、茶葉與各種水果種植面積廣泛

· 2011 年鹿野高台首辦熱氣球嘉年華活動，2020 年參與人數達 121 萬人次，創造 28 億元商機

· 境內福鹿茶區為花東最大茶區，1982 年時任台灣省主席的李登輝命名為「福鹿茶」，1988 年當選總統後又被稱為「總統茶」

· 福鹿茶包括紅茶、包種茶、烏龍茶等，其中又以 2008 年後上市的紅烏龍為亮點，近年帶動福鹿茶區復甦，紅烏龍茶種植面積約 100 多公頃，2015 年更被新加坡奢華茶館品牌 TWG TEA 列為全球 5 大名茶精品

# 春一枝

吃得到果肉的鮮果冰棒傳遞土地美好價值

誠實商店自行取用

---

　　旅遊台東鹿野，絕對不能錯過位在永安村的「春一枝鹿野76誠信商店」。兩層樓的開放空間，有著古樸的小學課桌椅和一整片無敵山景，旅人吃著冰棒、吹著涼風，彷彿置身世外桃源。

　　但這間網友口中的必訪景點，卻沒有任何店員，要吃冰棒自己投幣、自己開冰櫃挑選，商店自2012年開張，一開就是10年。「我希望提供遊客不一樣的消費氛圍和經驗，你待多久沒人管、吃不吃冰也沒人管，讓停駐在此的人沒有任何壓力。」春一枝老闆李銘煌笑說。

## 為消化熟果意外開冰棒工廠
## 天然水果製成冰棒

　　被媒體冠上「最懂玩老闆」頭銜的他，從

自己的旅遊經驗出發，為客人設想細節。其實李銘煌的本業是塑膠射出，介入觀光相關產業，全是意外之舉。

李銘煌25歲創業，40歲便闖出上億元營收；但事業攀上高峰之際，長輩卻相繼離世，讓他決定把時間花在陪伴，帶著妻小到處旅行。行遍屏東、花蓮、台東，他特別鍾愛純樸原鄉，旅行到台東鹿野時，更因愛上當地風景，買下閒置的茶廠長住。

沒想到與果農為鄰，常收到滋味甜美卻過熟而無法銷售的水果，他幫著出主意解決，卻「公親變事主」，意外開起冰棒工廠。最初他

使用台灣在地水果製作冰棒，原料僅水果、水與砂糖，左起釋迦、海鹽西瓜、夏雪芒果，是最能代表花東的冰品。

的想法很簡單——收購熟果製成冰棒銷售，後來才發現製作、包裝、通路，在在都是問題。

　　頭一年，他親身推著冰櫃到小農市集擺攤，卻因冰棒採用天然水果製作，價格遠高於知名品牌而乏人問津，連兩個兒子都被拖下水去擺攤。太座氣到懶得對話，每天在床邊留下信件抗議：「你真的需要這麼忙嗎？」

　　幸好品牌創立第二年，他就獲得主婦聯盟青睞，加上食安風暴喚起大眾注意，終於苦熬出頭。「我希望做到『共好』，從賣水果到吃冰的人，大家都開心；當然我也希望把層級拉到更高，變成一支代表台灣的冰棒。」像是外國旅客來到台灣，未必遇上產季，但若把熟果做成冰棒，則一年四季都能吃到台灣在地的水果滋味，「這樣不是很過癮嗎？」

利用塑膠射出本業推出造型冰棒棍，與各地景點做連結，賦予冰棒多一層文化底蘊和紀念價值。

## 台東大目釋迦冰棒、花蓮海鹽西瓜冰棒
## 地區限定獨具風味

像是台東的大目釋迦，熟透軟糯才是最好吃的時候，但遊客根本沒法帶著走。於是春一枝開發出帶籽的釋迦冰棒，一口咬下就是芳熟果肉，遊客邊吃冰棒邊吐籽，反倒成為一大特色。

他也透過「在地限定」操作，以冰棒為平台連結在地農產與觀光。好比花蓮的海鹽西瓜冰棒，讓人彷彿一秒來到七星潭；台東的夏雪芒果，也勾動民眾對當地風物的想像。

「我的願景是期待觀光客進行深度旅行。」李銘煌說，浮誇的造景、展館到處都蓋得出來，但人情不夠溫暖，終究無法吸引旅人留下來，「很多人喜歡日本，是因為那個氛圍會讓你想念。」

他認為與其大興土木，不如補貼有志回鄉的青年教育訓練，「讓他們有時間學會專業，對產品、地方文化背景有認識，包括語言的訓練，讓在地人找回他的自信，從農夫、工人轉變為有點深度與厚度的工作者。」

14 年來，他透過春一枝為果農解決熟果產銷問題，也為地方媽媽創造工作機會，更讓「春一枝鹿野 76 誠信商店」成為觀光亮點，「為地方創造一個有吸引力的點，人流進來，也會幫助其他店家多一個接觸的機會；但我更期待每個點都是亮點的時刻，到時整體的改變會更有力。」

他企盼春一枝能成為星火，點燃一整個地區、甚至是整座島嶼的

光亮，「假如台灣觀光可以讓每個點都變得很有意思，遊客停留的時間與深度都會增加。」他瞄準的何止是現下的國旅大爆發，而是疫後外國遊客回歸，讓更多人看見後山之美。

李銘煌（右）與小農合作，解決熟果經銷問題，也能讓消費者四季都能吃到台灣水果最好的滋味。

## 地方好朋友　李銘煌

李銘煌在塑膠射出業退休後，移居台東，為解決當地農民的熟果問題，在 2008 年創立新鮮水果手作冰棒品牌「春一枝」，隔年於台灣主婦聯盟生活消費合作社上架，2012 年在台東鹿野開設春一枝鹿野 76 誠信商店，2018 年開始陸續進駐誠品、IKEA 等通路。

## 😊 細說春一枝

· 全台約 150 ～ 200 個經銷合作商家，平均每年賣出約 80 ～ 90 萬枝冰棒

· 透過純水果冰棒解決熟果產銷問題，延續台灣水果價值，遊客四季都能品嚐在地滋味

· 以冰棒為平台與地方農業、觀光連結，如花蓮限定海鹽西瓜冰棒、與台中縣政府合作茂谷柑冰棒、台東的夏雪芒果冰棒等，深化地方農產品牌形象

· 與旅遊平台合作 DIY 體驗，透過遊程串接行銷鹿野

小地方大心聲 ♥

## 單點難創造留客誘因　資源整合才能拚觀光

　　花東被譽為台灣最後一塊淨土，優美景色、豐富人文與悠閒氛圍，在在吸引旅客不斷重遊；但也因為花東幅員廣大，推展觀光最常見的問題，就是交通。

　　海岸咖啡莊園第二代許清娟指出，花東海岸狹長的地理問題難解，最好的方式是把大家的遊程串起來，譬如與同在豐濱的「高山森林基地」、民宿業者串連為3天2夜行程，否則很難只靠一個單點創造留客誘因。

　　畢竟，多數遊客從花蓮下車就是往太魯閣去，除了傳統景點名氣大，也是因為往南朝台東方向的交通不方便，讓豐濱到長濱這段美麗的海岸線總是被錯過。

　　台灣的觀光可以豐富又多樣，從各方面的條件來看，如果可以拉到比較高的國家願景，有一個政策性的指導，具體定位後整合資源，發展更可期。

　　盤點行政院各部會的執掌，其實都涵蓋著觀光的元素，如：國發會的地方創生，經濟部管轄的觀光工廠、商圈，農委會的休閒農業、農特產，文化部有古蹟、博物館，內政部有宗教民俗，教育部也有體育運動與運動休閒，還有客委會、原民會、林務局等，都跟旅遊相關。

如果可以將觀光列為重要戰略，跨部會、點線面整合，將資源觀光化、也將觀光產業化，就可以一起拚觀光、以「觀光立國」。

　　這兩年多來，因為防疫成績卓越，已經讓世界看見台灣；接下來，台灣就要從世界角度來了解自己的定位；不然，可能淪於敝帚自珍，不知道自己真正的價值何在。

　　讓世界看見台灣只是第一步，第二步是要讓世界需要台灣，第三步是讓世界喜愛台灣。

花東海岸線主要為台 11 線，全長約 177.5KM，背山面海，沿線無數大大小小的景點及蔚藍海水，動人心弦。

8 達基力部落屋 9 ▽

洄瀾灣景觀餐廳

花蓮港賞鯨
花蓮文創園區 ★
9丙 11丙

曼波海灘沙灘車

立川漁場
11

南投
馬太鞍濕地 ▽ 193
花蓮 9 11甲
噶瑪蘭海產店
海岸咖啡

向上泛舟
稻味釀小酒莊
項鍊海岸工作室
靜浦社區發展協會
里艾廚房

30

20

★ 景點 │ 花蓮文創園區

● 美食 │ 洄瀾灣景觀餐廳
　　　　│ 噶瑪蘭海產店
　　　　│ 里艾廚房

▽ 體驗 │ 達基力部落屋
　　　　│ 曼波海灘沙灘車
　　　　│ 花蓮港賞鯨
　　　　│ 立川漁場
　　　　│ 馬太鞍濕地
　　　　│ 海岸咖啡
　　　　│ 稻味釀小酒莊
　　　　│ 項鍊海岸工作室
　　　　│ 向上泛舟
　　　　│ 靜浦社區發展協會
　　　　│ 羅山大自然體驗農家泥火山豆腐
　　　　│ 饗嚮台東

臺東

饗嚮台東
9

羅山大自然體驗
農家泥火山豆腐

親海、知海、愛海，是上天賦予海島國家重要的使命。

國境之南／
屏東

極南，屏東！這裡的海會說話、風戀著砂、夜空呢喃，陽光走讀315公里海岸線，波濤拍出南國心動節奏。山風、海動，永恆的春天；候鳥過境、蝴蝶紛飛、海洋豐饒、星空無際。

　　想要一探海天遊蹤的浩瀚，可以直奔台灣最南端的鵝鑾鼻，感受左望太平洋、右看台灣海峽的獨特體驗；嚮往無垠的星空，屏北山麓清晰沒有光害的夜空不容錯過。

　　屏東恆春半島輪廓狹長、三面環海，東向太平洋、西鄰台灣海峽，南面巴士海峽。得天獨厚的熱帶地理環境，除了擁有台灣第一座國家公園「墾丁國家公園」，還有獨特潟湖景觀地形的「大鵬灣國家風景區」、及特殊地質環境之縱谷景緻的「茂林國家風景區」、與台灣離島中唯一的珊瑚礁島嶼「小琉球」。

　　「珊瑚礁、海草床、紅樹林」三大熱帶生態系值得驕傲，岩礁、砂泥底、超過1萬種生態的海洋風情，等你探索。

　　屏東是候鳥過冬遷徙的中繼站，也是旅人停留休憩的充電站。既然遠離都市塵囂，誰還做選擇？左擁自然生態、天然景觀，右抱廟宇

傳統、原住民風情、南國人文景致。

　　決定了共鳴的深度，出發屏東，我們選擇與土地產生更深連結。

# 恆春

台灣潛水與海共生
帶海洋進入生活的永續態度

---

　　台灣四面環海，是典型的海島國家。照理說，這塊土地的子民，對海洋應該有基本的認識與親近的態度，但只要隨口一問：「最近一次親近海洋是什麼時候？」大概所有人都會猶豫一下。除非，有人像台灣潛水負責人陳琦恩一樣，把自己放進海裡感受海，而且還要放得夠久，才真正感受到深藍大海的美麗與哀愁。

　　1980 年成立的「台灣潛水」，早年承接海事工程潛水，後來逐漸轉型為休閒潛水。

　　「這是墾丁的海！」陳琦恩細心說明著透澈湛藍的水下世界，有珊瑚搖擺、梭魚成群、海龜優游、小丑魚親人，海底世界瑰麗又神祕，讓人著迷。

　　「台灣潛水」是台灣最大的潛水教育機構，

「台灣潛水」1980 年以工程潛水起家，後漸漸轉型為休閒潛水，其宗旨為「Bring Ocean Into Your Life」，陳琦恩希望藉由潛水，讓海洋進入大家的生活。

無論是提供專業潛水相關課程、海洋商品販售及保育活動推廣，台灣潛水都希望能真正地將海洋融入你我生活。

位於墾丁的台灣潛水渡假村牆上，撰述著偉大的使命：Bring Ocean Into Your Life，「讓每一個台灣人都能夠親身體驗台灣海洋的美麗，讓見識過的所有人都能成為守護海洋的一份子。」陳琦恩將公司盈餘提撥兩成作為藍色基金，投入淨灘和海洋教育，更將營業額 1% 捐給國際海洋機構繳交「地球稅」作公益，4 年前更通過「B 型企業」認證。

陳琦恩與海洋，是一段二見鍾情的故事。他常說自己一輩子只會潛水，也花一輩子把這件事情做好、做大。

## 珊瑚搖擺、梭魚成群、海龜優游
## 海底世界瑰麗又神祕

陳琦恩是高雄人、老家在鹽埕區哈瑪星一帶，一家人靠著父親從事海事工程糊口。而他也從國中開始，跟著潛水夫爸爸，跑遍台灣各

大港口工作，主要任務是河、港灣工程、打撈、橋墩檢測、水下搜救、水下管路線纜檢查、船底檢查、清除廢棄漁網等，潛得愈深、能見度愈差。

「在伸手不見五指的水下、冒著生命危險工作，不是享受。」他印象中的海洋，始終摻雜著濃厚柴油味，他無時無刻想著要逃離。直到大學考上位於台中逢甲大學經濟系，以為找到離開的理由，奔向嚮往中的銀行業或朝九晚五坐辦公室，但每逢週末假期，他仍然得支援父親的工作。

計畫趕不上變化，他大學畢業後，沒有考到任何一張金融、保險證照。

2005 年，他嘗試報考全球最大的潛水組織 PADI（Professional Association of Diving Instructors，潛水教練專業協會）開辦的課程，沒想到一舉考過。取得潛水教練證照的他，意外從另一條路再繞回海邊。

## 10 年光陰擘劃一幅產業藍圖
## 打造「B 型企業」

「台灣潛水」原是陳琦恩父親從事海事工程時期所設立的公司，16 年前，他初跨入休閒潛水領域，一邊從事海事工程、一邊在墾丁教授潛水，原想替家裡的本業加開一條新支線。只是，第一年只有 5 個學生，整年營業額只有 5 萬元，墾丁開店、陷入瓶頸。

他的人生，因為海洋連結到更廣大的世界。

2008 年，他成立 PADI 五星潛水中心，增設潛水裝備出租、打氣、船隻租借服務；2009 年，PADI 的地區經理邀陳琦恩到澳洲凱恩斯擔任潛水教練，成了他事業的轉捩點。

赴澳洲 1 年的見聞與體驗，打開他對潛水產業的想像，體認到永續海洋環境的重要性，促使他下定決心，完整移植當地發展成熟的運營模式。

2010 年返台後，隨著外國客的比例增加、營收穩定，「陽光、海水、珊瑚礁」的休閒潛水取代了 30 年歷史的海事工程，正式聚焦休閒潛水。2011 年，陳琦恩史上最年輕 PADI 課程總監的紀錄；2014 年，再進階成白金級課程總監，「當時全球只有 66 人，會講中文只有 3 位」，他是其中之一。

位置愈高，責任愈重。他認為，首要必得活化台灣的潛水產業。

「人才養成是一大關鍵！」他培訓人員、組織團隊，規劃出薪資抵學費的打工換證制度，同時成立 PADI 教練發展中心，讓有意成為潛水教練的人能跨過門檻，並立下「將海洋帶入你的生活」核心理念。

2013~2016 年陸客來台旅遊大爆發期間，龐大的教練人才庫與打團體戰的模式，為他奠定了穩定的財務基礎，在恆春後壁湖打造三層樓高、友善環境的綠建築「台灣潛水渡假村」。

陳琦恩坦言，「那三年只忙著賺錢。」直到陸客浪潮逐漸退去，

他開始認真思考公司轉型與接觸到 B 型企業的概念，「原來一間好公司不只是賺錢，還要對社會有益。」——檢視不足與努力，台灣潛水成功在 2018 年取得 B 型企業認證。

　　他將守護的範圍拉得更寬、為台灣的潛水產業帶來新氣象，「原本我以為我面對的是『人』，後來發現其實是『海洋』，現在只有對海有益的事我們才做。」他說。

台灣潛水 TaiwanDiveCenter 希望讓更多人愛上大海而成為海人，一起保護這片大海。

台灣潛水 TaiwanDiveCenter 希望讓更多人愛上大海而成為海人，一起保護這片大海。

# 陳琦恩

陳琦恩在 2005 年開展休閒潛水業務，2017 年通過 B 型企業認證的隔年，成立藍色基金，並協同在地團隊「海漂電台」舉辦集結音樂、藝術、社區旅遊的環半島淨灘活動，導入 1% 地球稅。

## 認識台灣潛水

**地址**：屏東縣恆春鎮大光路 118-5 號 ｜ **電話**：(08)886-7082 ｜ **網址**：www.taiwan-dive.com

「台灣潛水」是台灣最大的潛水教育機構，陳琦恩將公司盈餘提撥兩成作為藍色基金，投入淨灘和海洋教育，更將營業額 1% 捐給國際海洋機構繳交「地球稅」作公益，4 年前更通過「B 型企業」認證。

# 東港

## 創意櫻花蝦鬆與鮪魚鬆捲
## 以庶民美食榮登十大好禮

夏日的腳步悄悄靠近，南台灣的和煦陽光在夕陽的映照下，大鵬灣跨海大橋在天際線畫出美妙的弧線。

海風徐徐、海浪微微、時間慢慢，來到了屏東的東港。近年，大家討論度最高的景點，非「東港小巨蛋」莫屬！

這是大鵬灣國家風景區管理處所打造，善用大鵬灣潟湖條件、以「大鵬灣的海上寶石」為概念發想的一座海上蛋形候船中心；它緊鄰東港碼頭、位於大鵬灣濱灣公園碼頭，主要為推動大鵬灣至小琉球航線，與現有東港碼頭形成環狀旅遊帶。

入夜後，建築體的燈光與碼頭的七彩路燈，倒映水面、唯美絢爛；不管是岸邊欣賞，或搭

「東港味益」第2代謝貴蘭推出的「有魚學堂」禮盒，多次獲選「屏東十大伴手禮」。

遊艇從海上回望，都是盡收眼底的視覺饗宴。因此，它每到黃昏總吸引人潮到此拍照。

由於東港的舊名為「東津」，與「東京」讀音相同，因此被暱稱為「東津巨蛋」。

## 韓國有泡菜、日本有壽司
## 台灣東港漁村有「鮪魚鬆捲」

大鵬灣國家風景區包含大鵬灣及小琉球兩大風景特定區。東港是陸路轉海陸交通最重要的樞紐，也成了旅人在「遊」以外、流連「食」與「購」的最佳去處。

這裡的海鮮全台聞名，且物美價廉，東港三寶「黑鮪魚、櫻花蝦、油魚子」名聞遐邇。

而位於觀光熱點、東港渡船碼頭與華僑市場對面的「東港味益」魚鬆專賣店，是台灣第一個「鬆品」品牌。

魚鬆是台灣漁村古早味，也是傳統的庶民美食。民國 64 年，「味益食品」第一代，謝金仰在高雄創設現代化魚鬆工廠，主要生產各式魚鬆，以不添加防腐劑、雜魚、色素、味精為名，產程嚴格品管並通過歐盟認證，當時主力為外銷。

大約 20 年前，第 2 代謝貴蘭為讓國人也能吃到好味道，南下東港開設街邊店。

「韓國有泡菜、日本有壽司；四面環海的台灣漁村，有魚鬆！」第 3 代劉凱芬自高雄餐旅大學市場行銷系畢業後，觀察台灣的漁村文化，「早年物資缺乏，漁家捕獲的漁獲，主要販售變現或者曬成魚乾延長保存期；後來，聰明的婆婆媽媽將魚肉水煮後，放入炒菜鍋乾炒，將這道家庭料理變身成魚脯，正是台灣婦女智慧與手藝的結晶。」

劉凱芬用國際行銷的角度思考漁村文化，「東港最具代表性的就是鮪魚！」「鮪魚鬆」正是代表東港漁村的傳統美食，可以成為台灣專屬的漁村美食伴手禮。

謝貴蘭、劉凱芬、劉凱薇母女三人偕手，為老店注入新創意。嚴選肉質紮實且富彈性的新鮮鮪魚，秉持傳統古法技藝結合現代生產技術，焙炒製成鮪魚鬆後，再多一道工、製成一口鮪魚鬆捲，保有鮮美蛋香與酥脆口感的巧食，既輕巧又方便，打開魚鬆伴手禮市場。

2016 年她們推出「東港 FUN 輕鬆禮盒」，就獲得屏東縣「黑鮪魚文化觀光季」指定伴手禮、及交通部觀光局記者會指定伴手禮。

## 花殼脆櫻花蝦鬆
## 風味獨特成為屏東十大伴手禮

在產品面，她們不斷研發改良口味，還融入東港在地文化元素，結合文創設計包裝、導入視覺美感；此外，重新改裝的店面整潔明亮、店內牆上講述祖孫三代傳承故事，並跟上數位化的腳步，設立官網與臉書粉絲團。

「東港味益」加入友善店家「借問站」行列後，成為另類人氣景點。　提供在地優質伴手禮是「東港味益」的理念，一口鮪魚鬆蛋捲已外銷歐美國家。

　　「東港味益」的招牌商品「海苔芝麻鮪魚鬆」及全台獨賣「花殼脆鬆」，以行銷策路和文創包裝，再獲屏東十大伴手禮、屏東名品、台灣百大等獎項加持，以及行政院雙語認證、優良服務商店。

　　謝貴蘭說，在競爭激烈的魚鬆市場勝出，除了要好商品、好品質，「接地氣」和「人情味」缺一不可。

　　台灣最美的風景是人。觀光局推動友善旅遊服務「借問站」多年，各地所屬風景區管理處已經輔導設置大約 450 處「借問站」，透過借問服務，讓在地觀光旅遊衛星產業串連，不管是私房小吃、歷史文化、必買特產等，帶動經濟和周邊觀光熱潮。

　　「找廁所，借問一下」、「迷路時，借問一下」，加入友善店家「借問站」的味益魚鬆專賣店，連續多年獲得「最佳熱情讚」、「最佳人

氣讚」首獎，讓人印象深刻。

　　熱情的謝貴蘭笑說：「客人在外面探頭時，我們就出來回應了！」
除了為旅人解決問路、茶水、廁所等簡單需求，她們也用滿滿熱情，
介紹屏東在地觀光好所在，為旅人創造「一遊未盡」的甜蜜感動。

「東港味益」從在地到國際的鬆品專賣，傳承三代、飄香國際。

「東港味益」鬆品專賣店，在三代傳承的努力下，成為台灣百大伴手禮、也是屏東十
大伴手禮。

# 謝貴蘭、劉凱芬、劉凱薇

謝貴蘭、劉凱芬、劉凱薇母女三人偕手，為「東港味益」魚鬆專賣店注入新創意之外，位於觀光熱點、東港渡船碼頭與華僑市場的店面，更成為觀光局推動友善旅遊服務的「借問站」。

## 認識東港

**面積**：29 平方公里 | **人口**：4.775 萬人

**地理特色**：

· 東港鎮位於屏東縣西部中段沿海，北臨新園鄉、崁頂鄉，東鄰南州鄉，西南隔台灣海峽與琉球鄉相望，南接林邊鄉。

· 東港「迎王祭典」，每逢三年舉辦一次。這是屏東縣東港鎮的地方祭典，由東港東隆宮主祀的溫府王爺與全七角頭的所有神明與檀越共同合作之下，進行迎送「代天巡狩」的五位千歲爺，一同掃蕩瘟疫、驅除惡靈。

· 東港以海業為主，當地造船匠師臥虎藏龍，每當「迎王祭典」期間，都會義務進行建造工程。因此，東港王船較其他鄉鎮更壯觀精美，以致於外地人常將焦點誤放在燒王船（送王）儀式上，而誤傳為王船祭。事實上，王船只是迎王祭典中最後千歲爺押煞離境的交通工具。

# 車城

四重溪溫泉
傳承日本宣仁親王別館的日式溫泉湯屋

　　屏東縣車城鄉有超長的海岸線、強勁落山風，還有國境最南的四重溪溫泉。當地最有名的清泉日式溫泉館，是見證甲午戰爭後日本人開發溫泉的「活古蹟」，1932 年為了接待日本宣仁親王所擴建的別館及蜜月湯屋，至今仍完整保留。

楊楊米和式房間，在懷舊與新修之間取得平衡。

綠意盎然的旅館房間，保留昭和時代風情。

使用日本抹茶、萬丹紅豆的宇治金時甜點，相當受歡迎。

## 國境最南
## 傳承日本皇族血統的四重溪溫泉

雖然擁有百年歷史，清泉意外地一點也不陳舊，在古蹟與新修之間巧妙平衡，從入口就給人置身日本的錯覺。黑瓦斜頂下掛紅燈籠，木格柵外觀優雅內斂，館內的榻榻米房間圍繞著花園中庭自成天地，明星餐點壽喜燒、宇治金時冰淇淋頗具水準，從裡到外體現日式生活美學。

「疫情對觀光餐飲業影響很大，2021 年的三級警戒發布，溫泉無法營業，我決定趁機整修，升級大眾池與湯屋，加裝房間隔音設備與電梯，餐廳改採大面窗讓採光更好，趁這幾個月敲敲打打，比較不影響客人。」年已古稀的清泉日式溫泉館董事長王樹嘉說。

北投、陽明山、關子嶺與四重溪，是從日本時代齊名的四大名湯。四重溪溫泉是鹼性碳酸氫鈉泉，溫度在攝氏 50 ～ 80 度之間，富含多種礦物質。湧泉終年不斷，最早由阿美族人發現，清朝時稱為「出湯」，同治年間沈葆楨履勘地形時，跋涉四條溪才抵達，改名「四重溪」。

1895 年日本憲兵來到此地，決定築小屋、建浴槽，是溫泉開發的雛形，1930 年的古老明信片上，形容四重溪是「幽邃仙境」。此時日本人已經蓋了公共浴場、旅館等，四重溪溫泉旅遊興盛。

其中，專供日軍泡湯休憩的「山口旅館」，便是清泉的前身，屬高雄洲政府管理。1933 年高松宮宣仁親王偕新婚妻子到此度蜜月時，館方特別建設了檜木與大理石的湯屋接待。、，戰後 1948 年旅館移交屏東縣政府，決定開放民間經營，由王家接手管理。

王樹嘉回憶，父親當年從東京留學從回來後，一邊向林務局標購原木，做木材生意，一邊打理清泉山莊，做得不錯，10 年後屏東縣政府標售旅館，王家意外落標，距第一標得標金額相差甚遠。

「當時的法令是旅館經營人有優先承購權，父親一邊經營木材生意，資金已經吃緊，又要籌一大筆錢將旅館買下，蠟燭兩頭燒、捉襟見肘，那時我年紀還小，印象中家裡生活很不好過，連一毛錢也要省下來。」

## 壽喜燒、宇治金時冰淇淋
## 延續經典日系風味

父母年老後，從事貿易的王樹嘉於 20 多年前接班，發現日本人在台灣留下來的溫泉旅館，若非不符時代需求倒閉，就是維護成本太高、放棄經營改為建地；有日本血統的溫泉旅館，僅剩北投、安通及清泉等少數幾家還在經營。

在地理位置上，四重溪離福安宮、墾丁、海生館等旅遊景點都不遠。921 大地震之後，中部觀光受重創，旅客往外擴散，隔年剛落成的海生館吸引大批親子遊客造訪，帶動四重溪旅遊人潮。

第二代王樹嘉不計成本，努力經營百年旅館，保留歷史傳統。

　　然而，王樹嘉卻心情煎熬，因為自家旅館破破舊舊，對上門的客人感到很不好意思，考慮拆除改建成現代旅館，終究不捨上一代從日本人手上接下的百年溫泉古蹟就這樣消失，最後決定保留原樣。

　　「清泉的歷史是優點，也是弱點，台灣人雖然喜歡歷史風情，泡湯習慣卻偏向湯屋等私密享受，而非露天的大眾浴池就能滿足。」在維護百年建築、保留歷史風情的同時，王樹嘉力求符合現代人需求，當時砸了 4,000 萬元改建。

　　清泉旅館走高品質路線，深受日本香港遊客、退休公務人員、以及愛好日式風情的歷史迷喜好，來客六成是住宿過夜，四成是當日泡湯。

　　看好墾丁一年帶進 400 多萬名旅客，2011 年王樹嘉邀集近百位觀光產業業者成立屏東縣觀光協會，獲選第一屆理事長，積極規劃各景區間的無縫接軌，力邀外國自由行旅客造訪；前縣長曹啟鴻肯定表示，屏東縣觀光客逐年成長，尤其港澳及大陸自由行的年輕遊客倍數成長，王樹嘉的付出不在話下。

## 溫泉公園變身健康養生溫泉區
## 漂亮燈海成為打卡熱點

對於在地發展，王樹嘉分析，四重溪溫泉是老牌溫泉，老街環境久未翻新，停車不便，發展停滯，有大財團願意進駐投資，利大於弊，可刺激本地業者提升軟硬體，讓旅客有高級、也有經濟旅館可選，吸引更多商機。

王樹嘉認為，公部門是地方發展的火車頭，像屏東縣府砸上億元翻修荒廢的四重溪溫泉公園，設置泡腳池，改建公共浴池，讓公園漂亮變身，成績有目共睹；觀光局每年舉辦全國溫泉季，美麗燈海吸引大量人潮拍照打卡，對四重溪都有很大助益。

「台灣進入高齡化社會，四重溪公共浴池若要改建，不只溫泉設計要注意安全，定位應該朝養生復健溫泉方向走，以符合需求。」

王樹嘉感嘆，台灣地處斷層，囊括了世界上各種溫泉泉質，像海底溫泉、泥漿、碳酸氫鈉、硫磺、白磺，資源雖然豐富，開發利用程度卻不足，「日本每年泡湯人次是總人口 3 倍，台灣卻只有總人口的 3 成，仍大有可為；公部門若能引進專才發展溫泉區，改造老街，提升泡湯風氣，或許台灣將來也能發展出國際型的溫泉旅館，輸出台灣溫泉文化，揚名國際。」

## 地方好朋友 王樹嘉

王樹嘉的父親從東京留學從回來後，一邊做木材生意，一邊打理清泉山莊；父母年老後，從事貿易的王樹嘉於 20 多年前接班。清泉旅館走高品質路線，深受日本香港遊客、退休公務人員、以及愛好日式風情的歷史迷喜好。

## 🗺️ 認識車城

**面積**：49.85 平方公里 ｜ **人口**：8,181 人

**地理特色**：

- 往返墾丁的必經之地，南與恆春鎮接壤、東為牡丹鄉、北與枋山鄉、獅子鄉和牡丹鄉為鄰、西濱台灣海峽。
- 每年 10 月到隔年 2 月，東北季風通過中央山脈形成強勁的落山風，溫差大適合種洋蔥，有「洋蔥之鄉」美名。
- 鄉內著名景點包括全台最大的土地公廟福安宮、海生物館、石門古戰場、玉泉寺、海口港、白猴瀑布、海口沙漠和四重溪溫泉等。

# 交通應該為觀光服務

新冠肺炎全球肆虐，疫情給台灣一個提升國民旅遊品質的轉機，也考驗疫後能否繼續吸引以往愛出國的國人留在台灣旅遊消費。

交通部觀光局曾經為疫後觀光超前部署，在 2021 年初舉辦為期兩天的「疫後觀光轉型論壇」，以「超前蛻變 駕馭未來」為主題，廣邀部會首長、觀光產業、國際友人及觀光產業聯盟業者進行交流，掌握後疫情時代觀光競爭力。

回顧 2020 年的觀光發展，當時交通部先透過觀光紓困穩定產業，再以安心旅遊補助創造 654 億元的效益；因為觀光產業的面相包含了食、宿、遊、購、行，也是涵蓋範圍最廣大的一項服務業。

交通就是交流與溝通，人際才是交通的核心。交通部的任務，不該只注重工程與監管，而是應該以民眾為本、以服務為尊，透過各級分工、作出差異、合作連結，以求達到人流、物流、車流、金流、資訊流的五流暢通。

從互動而感動，要提升競爭力與國力最好的方式就是有更強大的連結力，交通應該為觀光服務；觀光就是一種體驗，每一個旅遊目的地都有其特色並應展現差異化，在食、宿、遊、購、行的過程中，不能有斷點與痛點，如此才會留下美好的回憶，成為最佳的口碑行銷。

台灣兼具了民主力、資訊力、創新力的能量，必須要有品牌的概念向世界推廣台灣；國旅精緻化、在地化、智慧化的轉型，相形重要。

　　觀光首長最重要的任務，則是打造好的觀光環境，並透過部會整合、數位管理、產業結盟，才能達到地方創生，產生認同感，讓台灣從防疫大國邁向觀光大國，被世界看見。

觀光產業的面向包含了食、宿、遊、購、行，也是涵蓋範圍最廣大的一項服務業。

① 勝利星村

⑰

▽ 禮納里脫鞋子部落

★ ● 長安製麵職人町

③

● 老霸子客家餐館
▽ 林后可可園

佳冬古蹟聚落

屏東

東港 ★

★

花蓮

⑨

阿朗壹步道

① 

★ 景點 | 勝利星村
　　　　 東港
　　　　 佳冬古蹟聚落
　　　　 阿朗壹古道
　　　　 四重溪溫泉
　　　　 欖仁溪
　　　　 關山夕照

● 美食 | 長安製麵職人町
　　　　 老霸子客家餐館
　　　　 恆春3000啤酒博物館
　　　　 恆好餐廳

▽ 體驗 | 禮納里脫鞋子部落
　　　　 林后可可園
　　　　 台灣潛水墾丁店

★
欖仁溪

四重溪溫泉 ★

26

恆好餐廳 ●

恆春3000啤酒博物館 ●

關山夕照 ★

▽ 台灣潛水墾丁

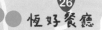

雲嘉南濱海，空氣泛著鹹味，養蛤、採蚵、翻曬烏魚子，是臨海兒女的日常。

# 鹹味浪潮／雲嘉南

這裡的風鹹鹹的、人甜甜的……

漫行海路台 61 線，落日霞光映照鳥群魚塭、踩著餘暉摸文蛤體驗漁家、濱海漁村變身 3D 彩繪村、手工鐵花窗訴說在地人文、瓦盤鹽田則成為最生活化的美術中心，迷了旅人的眼。

雲嘉南臨海一帶，赤焰的日頭曬著，空氣泛著鹹味，映入眼簾是海鳥、魚塭、平房。鹽地上的人們，守著樸實、安靜的魚鄉，用勤苦勞作翻轉一切，將大海的恩賜化為餐桌上的佳餚。

步行在地，最能感受海口人的質樸笑容與好客熱情。來到口湖調天宮廟旁的柑仔店，年逾九旬的掌店阿嬤打著赤腳熱情招呼，馬沙溝的老人們見到外客來訪，擔心大太陽下熱著，還會邀客人進屋吹風扇、呷點心。

養蛤、採蚵、翻曬烏魚子，是臨海兒女的日常，卻也是最動人的文化風景。透過在地居民努力，近年已逐漸將純養殖結合觀光，為傳統產業找到新的出路，也讓遊客能一窺鹽海地帶限定的四時生活。

鹽地海風有多急促，人情就有多熱烈。以 61 號幸福公路串聯，濕地、港口、魚塭、紅樹林、鹽田，是車窗外快速流轉的風景，沿海每一個小漁村都是跳島的站，讓人停留駐足，賞味質樸卻溫熱的台灣美好。

# 口湖

雲林小日月潭打卡祕境

鹽海甘苦人翻轉貧鄉印象

---

你對口湖有什麼印象？未及開口，口湖遊客中心經理蔡云姍倒是先說了：「窮、淹水、地層下陷……」，從 1845 年近萬人罹難的六七水災、1986 年韋恩颱風，到 4 年前的 823 水災，這個雲林最西邊的鄉鎮，每每被提起，總是因為水難。

不過，為在地注入靈魂、推動地方創生的蔡云姍眼裡，口湖卻是充滿韌性與生命力的鹽海之鄉，「我先生喜歡攝影，以前年輕的時候約會沒什麼經濟能力，他常騎著機車帶我去祕境，我們口湖鄉才沒有外界說得這麼悲情！」她極力推翻家鄉在外界眼中的刻板印象。

蔡云姍是一位熱心於地方事務的社區中生代，五年級生的她在 20 年前就已經開始接觸地方社區營造（社造），並在金湖休閒農業發展

椬梧滯洪池為台灣西南沿海最大滯洪池，有「小日月潭」之稱，是遊客必訪的海角祕境。

協會擔任 10 多年的專案經理，多年來與協會夥伴統整資源、協助在地農漁業轉型，也把遊客帶進口湖，致力讓大眾看到故鄉之美。

## 摸蛤仔兼洗褲體驗旅遊
## 「馬蹄蛤養生餐」地產地銷

很多人不知道，蔡云姍出身貧家，她的父親因獨子身分，竟然遲至兒女成群時才入伍當兵。當時年僅 8 歲的她，眼見母親得遠到台南當割稻工養家，只好早早放棄升學，14 歲就到台北當洗頭妹，「洗頭洗到手指頭皲裂！」回想出外打拚的不易，往事歷歷在目。

她 18 歲返鄉開店，幫家裡買地蓋房子，也栽培弟妹讀到大學，只是遺憾自己學歷不高，40 歲開始從國中夜校一路念到大學畢業。熱愛寫作的她更在上課時，受日本岐阜縣的山城小鎮古川町的社區營造範例啟發，找到投入的方向。

當時，農委會農業易遊網正好徵求資源調查員，她毅然把月賺 20~30 萬元的美髮院丟一旁，投入大把時間查訪地方故事。她不務正業導致收入銳減，讓父親惱怒不解，氣到整整 7 年不願正眼看女兒一面。

沒想到老天對她開了個大玩笑，蔡云姍積極在地方奔走時，卻因兩度事故受傷，最後一次更導致左手韌帶斷裂。她輕撫滿布傷痕的手腕，說得淡然：「幸好之前做了這麼多功課，才能轉用電腦工作，要不然現在怎麼辦？」

　　人生的意外轉折，成了她全心投入地方的起點。只是，讓農漁民開門迎客不易，就連現在已成口湖亮點的「馬蹄蛤主題館」老闆曾界崇也半信半疑：「妳嘜憨啊！誰會來我們這裡玩？」沒想到，她真帶了遊覽車進魚塭，雖然當時連接待的地方都沒有，「客人只好排排站，站著吃他的馬蹄蛤養生餐。」

口湖在 2020 年獲營建署「前瞻基礎建設計畫－城鎮之心工程計畫」補助，
在梧北社區以在地 10 個故事打造 13 幅特色鐵花窗，

94 歲李林選阿嬤的雜貨店，成了鐵花窗作品的主角，前交通部長林佳龍曾拜訪阿嬤話家常。

## 「龍鬚菜、烏魚子、米粉」
## 點亮鹽海地帶文化風景

蔡云姍笑說，一開始根本不懂「地產地銷」，只憑一股熱情想帶遊客走進產地，而鄉親們雖然遲疑，倒也勉為其難配合，結果看完養殖、加工過程，「當天的龍鬚菜、烏魚子、米粉賣到爆！」

她解釋，外界總把高端行程與「精緻、高級」畫上等號，但口湖是一個「生產離不開生活，生活離不開生產」的地方，唯有實際體驗收穫的豐腴與感動，才能感受鹽海地帶限定的文化風景。好比入冬後來到金湖村，家家戶戶都在曬烏魚子，「我們只是在生活、生產當中，為遊客增加一個體驗，譬如看完烏魚子加工，馬上用高粱酒烤出好吃的烏魚子，或是多加一個蜈蚣網，讓遊客體驗捕撈。」

蔡云姍的弟弟蔡秉龍曾是高中老師，如今也加入導覽工作，以教育人的廣博知識與深入探究的精神，帶人認識口湖，「口湖得天獨厚，境內有成龍、湖口兩個濕地，生態豐富吸引鸕鶿、水鴨等候鳥停留，也是小鸊鷉的棲息地；植梧滯洪池則有『小日月潭』美譽，如今是遊客必訪的海角祕境。」轉換成導遊身份的他，總是細心引導著每一位遠道而來的客人。

蔡秉龍扳指細數，「口湖也是養殖業大本營，各種產業體驗都有：摸馬蹄蛤、做鰻魚飯糰、烤烏魚子、撈蝦、採鹽地番茄……。」字句間，掩不住對家鄉的驕傲。

外界多以為雲林人草莽，其實人稱「民主先聲」的李萬居即是口

湖人，其梧北故居已修整為紀念館，2020 年社區更獲營建署「梧北城鎮之心」人文景觀計畫改造。相鄰的水井社區則是鑿井人故鄉，近年透過社區營造找回村落故事與文化，兩地都很值得參訪。

## 貧瘠之鄉有好物
## 凝聚在地特色誕生「烏魚子鳳梨酥」

歷經多年蛻變，如今口湖已非記憶中的貧瘠之鄉，蔡云姍傲稱，「假日遊客可達千人，平常日也有遊覽車來，停車場不夠呢！」去年 4 月開通的幸福公車更串聯嘉義高鐵站、東石與口湖遊客中心，自由行不必再頂著寒風烈日騎機車、或花上千元計程車資往返。

旅人可在遊客中心借單車暢遊周邊社區、濕地，同時品嚐融入在地物產的「甘苦人」產品與套餐。伴手禮則以茄芷袋盛裝四季好物，如前交通部長林佳龍曾訂購斗六庇護農場的紅藜黑豆茶、麥寮小麥粒與小麥塊點心、北門虱目魚酥等，讓這款伴手禮意外熱銷，「之前宅配 1 千多份，本地郵局沒這麼多箱子，還從總局派了小胖卡載過來。」

然而讓蔡云姍歡喜的倒不是產品賣多好，而是幫助在地商家農漁民。好比製作茄芷袋的小農，平時兼差幫農友蓋網室，如今則靠「車網仔」功夫開啟新商機。另一款熱賣的烏魚子鳳梨酥，則出自腦麻烘焙師李宜紋之手，以口湖在地烏魚子搭配金鑽鳳梨，極具地方特色。

而遊客中心除了提供在地年輕人工作機會，也聘僱外籍配偶與中高齡者，並培訓他們取得餐飲、導覽證照，甚至學會寫自己的名字。

蔡云姍說，「創生的力量來自個人動力，幫助人找到自己的價值，在生活中得到尊嚴，他才會有生命的動力，這個地方的創生才有機會。」

正如同「甘苦人」的品牌含意：「我們生長在貧瘠辛苦的土地，但是大家甘之如飴沒有離開，我們也希望遊客在享用時，可以感受農民的辛苦。」蔡云姍說，鹽地種出來的番茄、甘蔗最甘美，一如口湖獨特的人情與風味，她希望遊客可以走進這裡，感受獨特的美好與生命力。

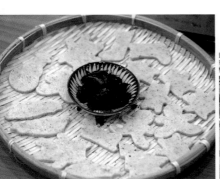

俗稱「鯽魚膽」的欒樨草是雲嘉南濱海常見植物，在作家劉克襄建議下，開發出欒樨餅、欒樨蛋糕等，創造在地新風味；由於廣東佛誕節應節食品「佛誕餅」也是以欒樨製作，對香港客人頗具吸引力。

梧北社區是「民主先聲」《公論報》創辦人李萬居故鄉，故居已設立為紀念館，具豐富人文景觀。

## 地方好朋友 蔡云姍

目前為口湖遊客中心營運經理，過去曾是農業易遊網特約記者、雲林縣養殖漁業發展協會總幹事、金湖休閒農業發展協會執行祕書。

### 認識口湖

**面積**：80 平方公里 ｜ **人口**：26,403 人，65 歲以上長者逾 20%

**地理特色**：境內有成龍、湖口（椬梧）兩個濕地，椬梧滯洪池則為台灣西南沿海最大滯洪池，有「小日月潭」之稱。

# 好美里

蛤蜊的故鄉
藝術家 3D 彩繪展現鹽地小漁村魅力

「以前我們好美里是默默無名的小漁村，沒有人知道，也沒有人踩踏！這裡什麼最多？就是蒼蠅最多！」嘉義布袋好美農漁產負責人鄭怡雯形容。

曾經無人聞問的小漁村，因 3D 彩繪而爆紅。2015 年 5 月，雲嘉南濱海國家風景區管理處推動觀光，邀請藝術家曾進成於好美里打造立體彩繪地景，成為國內 3D 彩繪村的濫觴。儘管各地瘋狂跟進，仍無損好美里魅力，每遇連假仍有 5~6 千名觀光客，迄今已累積逾 450 萬人次來訪。

「老師的彩繪給了我們一把鑰匙，打開門才知道後面有這麼多東西！」鄭怡雯笑說。嫁入好美里 20 多年的她，原在台北從事貿易工作，2015 年因不捨公婆年邁，決定放棄百萬年

曾進成（右一）將好美里打造為 3D 彩繪村，7 年來已累積逾 450 萬人次來訪，如今更與鄭怡雯合力推動在地創生。

鄭怡雯的蛤蜊 XO 醬取好美寮蛤蜊、布袋港蝦米、見龍里日曬菜脯，以及鹽地紅蔥頭、四湖蒜頭，將大海鮮美、鹽地甘味全炒進一罐醬裡。

舊名蚶港、虎尾寮的好美里，一窪窪的魚塭幾無邊際，是全台第二大蛤蜊產區，僅次於雲林台西。

薪返鄉，從穿著高跟鞋的嬌柔 OL，搖身變為開貨卡搶收文蛤的俐落漁婦。

## 鮮挖文蛤、虱目魚滷肉燥
## 展現海味魅力

「蛤蜊嬌貴，海水太淡、水質太差、天氣太冷太熱都不活。」鄭怡雯說，公公守著魚塭 40 年，總為養殖、收成而擔慮煩憂。然而耗盡心力，收成價格竟全憑魚販決定，「一個老人家要去拜託人家提高價格，提高個 1 塊、2 塊也不行，看他那個背影⋯⋯就會有些難過」，鄭怡雯忍不住哽咽道。

「如果回來可以盡一點點心力，賣出比較好的價格，是不是可以讓老人家舒心一點？」7 年前她與小叔陸續返鄉，但想組產銷班、合作社，卻都踢了鐵板：「老人家覺得要寫文書、用電腦很難，伊交給販仔，一次載走就好，幹嘛這麼麻煩？」

不僅如此，傳統漁鄉觀念保守，總認為婦人家「顧炕、顧囡、顧

灶腳那口鼎」就好，讓鄭怡雯難以施展，一度當了 5 年的逃兵。「那時碰到曾老師（曾進成）找我幫忙一些行政工作，雖然薪水不多，但起碼讓自己從零又回到有收入的感覺。」

她隨曾進成團隊到各地進行彩繪，甚至遠赴對岸半年，想不到闖蕩多年再歸鄉，蛤蜊產銷竟是「一如既往」，仍由大盤商宰制市場。

那個打造「好美里是蛤蜊故鄉」的夢想，此時再度浮現，她更思考：「來看彩繪的人慢慢減少了，有沒有可能再翻轉一次，讓好美里重新啟航？」去年底，她在先生蔡榮豪支持下，邀集曾進成、好友兒子陳仕勳以及兩個小叔蔡榮豐、蔡榮龍集資成立「好美農漁產」，不只要將在地引以為傲的蛤蜊推廣出去，也要結合魚塭觀光發展體驗經濟，讓更多人走進好美里。

## 鹽地甘味「醬油、紅蔥頭、文蛤」
## 全炒進「海味 XO 醬」

只是創業第一關，竟是：「人家幹嘛要賣你蛤蜊？」鄭怡雯解釋，文蛤收成有週期性，只靠自家魚塭無法穩定供應，但魚販一次收走，根本找不到貨源。後來是透過幫忙雇工撈蛤的工頭報信，「清晨 5、6 點趁著販仔還沒來，我趕快去載（買）回來。」

其次是蛤蜊保鮮期短，為延長銷售期、提升產品價值，她窮盡腦汁研發蛤蜊 XO 醬。取好美寮蛤蜊、布袋港蝦米、見龍里日曬菜脯，以及鹽地紅蔥頭、四湖蒜頭，將大海鮮美、鹽地甘味全炒進一罐 XO

醬裡，一推出即成爆品，更獲得2021年台灣地質公園學會產品競賽「最佳市場吸引力獎」。

另一款虱目魚滷肉燥，則是將虱目魚一夜干與三層肉爆香，加上北門紅蔥頭、布袋70年老舖「新來源」的醬油共同熬滷，「把在地食材作結合，形成低碳、安心、安全的產品。」

「很多人建議我們做直播，但是網紅這麼多，我們起步晚，根本看不到人家背影！」鄭怡雯苦笑，小漁小農沒錢買設備、下廣告，不如透過體驗教育告訴人家：「我們的蛤蜊有多好，虱目魚有多健康！」

## 魚塭五感體驗：
## 摸蛤蜊、搭竹筏、醬醃蛤蜊、祕境踏浪、聽浪濤

她規劃摸蛤蜊、搭竹筏、醬醃蛤蜊等遊程，「帶他們去祕境海邊，去踏浪、聽浪濤，順便帶到蛤蜊的生長環境，讓遊客親身去體驗，他們覺得不錯就會買。」

鄭怡雯（右二）將魚塭養殖日常變成獨特體驗，帶觀光客搭竹筏、摸蛤蜊，前交通部長林佳龍造訪體驗時，也大讚新鮮。

一路緩步前進，又遇疫情攪局，開業首月營收幾乎掛零，「我們3人晾在那裡、沒貨可以包！」甚至不熟悉低溫宅配的包裝方式，屢遭客戶退貨，前後寄了3~4趟，根本是賠本生意。

直到9月在雲嘉南風管處協助下，她租下現址「好美船屋」作為DIY與展售空間，加上疫情趨緩、人潮再現，「業績成長百倍！」

但營收並非鄭怡雯最在意的事，她自詡為「笑容的收集者」：找村裡老人來剝蛤肉、賺零花錢兼作伴聊天，為在地年輕人創造在地就業機會，同時提高蛤蜊價格、遊客玩得開心，讓來到好美里的每個人都能綻放微笑。

「過去蓋漂亮建築吸引遊客，都是曇花一現，我們的日常生活，才是最美的風景。」鄭怡雯說，建設雖然重要，但提升偏鄉軟實力，如協助推廣觀光、在不破壞大自然狀態下多一點曝光機會、更新創生者與居民思維等，對地方才有更大幫助。

她也認為，疫後觀光一定要走向深度，讓遊客以五感體驗土地，感受居民的生活模式才是大趨勢，「唯有人的熱情與溫度才有故事，也只有跟地方建立感情，才能真正感動人。」

她記得某次導覽結束，有個女生過來擁抱她，感謝鄭怡雯給了他們一次老友重逢般的暖心回憶。「做觀光很辛苦，但是當我們的熱情與心意，對方能夠接收到，你會覺得值得了！」曾經的低潮，瞬間獲得「補血」，這正是激勵她持續走下去的動力！

# 鄭怡雯

原在台北從事貿易工作,因不捨公婆年邁,2015 年返鄉照顧長輩,同時立志將在地引以為傲的蛤蜊推廣出去,也要結合魚塭觀光發展體驗經濟,讓更多人走進好美里。

## 認識好美里

**面積**:6.9 平方公里 | **人口**:常住約 400 人,65 歲以上長者約占 5 成

**地理特色**:舊名魍港、虎尾寮,境內有國家級濕地「好美寮自然生態保護區」。

# 馬沙溝

濱海離島串聯出深度鹹味之旅
落寞漁村不孤獨

將軍馬沙溝以沙雕、派對、將軍吼等年度盛事廣為人知，但提起馬沙溝的人文、物產，大眾卻往往印象淺薄。「過去這些活動都是單打獨鬥，遊客來了又走，與社區沒有連結與互動，」馬沙溝觀光休閒協會理事長陳啟宗總結一句在地人的感受：「就是不干我的事！」

這個最喧囂的寂寞漁村，在 5 年前展開逆襲，32 歲的陳啟宗號召地方人士與旅遊業者組成馬沙溝觀光休閒協會。經由台南市政府農業局、觀旅局協助，將一見雙雕藝術季、將軍吼音樂節等連結在地遊程，也開闢台南將軍港直航澎湖七美、南方 4 島航線，盼以多元管道引導遊客深度旅遊，帶動產品直購，讓馬沙溝從落寞偏鄉，轉變為充滿特色的大海之鄉。

漁業與觀光業為經濟主力，特產為烏魚子、土魠魚、火燒蝦乾；每年夏秋之際的沙雕展、將軍吼音樂節、鐵人三項賽、海灘電音派對等活動，吸引上萬人潮。

取馬沙溝當地烏魚子製作「烏軋糖」，甜中帶鹹，極富在地特色。

## 烏魚子融入牛軋糖
## 鹹甜「烏軋糖」伴手禮開創烏金經濟

出身馬沙溝的陳啟宗 3 歲即隨爸媽搬到台南市區，每逢假期就回鄉探望爺爺奶奶。在他眼中，馬沙溝就是一幅漁村美景，在地人純樸卻熱情，看到外客來訪馬沙溝，甚至會邀人進門吹電扇、吃點心。

然而記憶中的美景卻隨時間老去，社區屋頹人老，「村子走過去，好幾間房子沒人住，假如老化下去，會不會被廢村？馬沙溝明明很美，為什麼發展不起來？」

他進入旅行社工作之後，開始對雲嘉南產業、觀光有了解，2016年遇上雲嘉南風管處培訓馬沙溝社區導覽員，「我對導遊、領隊工作有興趣，想來兼個解說員，結果……一路就忙到現在！」他大笑。

陳啟宗說，馬沙溝有漁港、沙灘、彩繪村，加上演唱會、沙雕季年年帶進數萬人潮，發展觀光有基本條件，只可惜沒有好好整合。「政府要做的不該只是舉辦活動，而是透過活動讓地方創造觀光機會、與在地連結，辦活動才有意義。」

2017 年，他登高一呼成立休閒協會，除了開發景點、發展遊程，也帶動產業合作，開發具地方特色的農特產品，像是取馬沙溝當地烏魚子結合牛軋糖所製作的「烏軋糖」，甜中帶鹹，成了伴手好禮。

此外，馬沙溝一帶慣以日曬保存火燒蝦，協會也推出火燒蝦蛋捲讓遊客嘗鮮，在端午節應景包成火燒蝦粽，1個月能賣出4~5千顆。

## 「火燒蝦」嘗鮮兼體驗
## 集合地景與賞鳥的藍色公路跳島遊

製作火燒蝦乾需以手工剝殼、剔除腸泥，漁村日常變遊程具新鮮感，搭配虱目魚丸製作、紅樹林導覽、烤蚵吃到飽等體驗，「中北部遊客很有感！」2021年再花6個月「喬」出將軍港直航澎湖七美、南方4島航線，延長觀光客停留時間，也增拓蜜月、親子客源。

陳啟宗說，過去雲嘉南濱海景區多僅規劃1日遊，但4~10月搭配澎湖跳島，至少能拉長為2日遊，若結合賞鳥生態、地景藝術、產業體驗等遊程，更能串成3~4天的小旅行。

他驕傲說，這條藍色公路去年9月啟航，每週可開出3~5個班次，每團都有上百遊客搭乘。而近年協會推廣深度遊程有成，也讓將軍港風華再現，「以前假日只有1~2台遊覽車，現在有10幾台！」

濱海鹽地貧瘠，陳啟宗卻認為大海滋養這塊土地，帶來豐富的人文風景，只要找出亮點，漁村可以獨立、養活自己；過程中亦創造就業機會與商機，讓遊客回味、遊子回流，形成鹹而甘美的永續浪潮。

火燒蝦乾是將軍港在地名物，需手工剝殼、剔除腸泥再日曬成乾，如今將這特殊的製程轉為體驗，與捏虱目魚丸都是頗受遊客歡迎的遊程。

**地方好朋友** 陳啟宗

出身馬沙溝，3歲即隨爸媽搬到台南市區，但記憶中的美景猶在。當他進入旅行社工作之後，開始對雲嘉南產業、觀光有了解，現為馬沙溝觀光休閒協會理事長。

## 認識馬沙溝

**人口**：約 2,700 人，常住人口平均年齡逾 60 歲

**地理特色**：將軍溪出海口南側，擁有 2 座漁港及 1 座濱海遊憩區，舊南瀛八景之一「綠汕帆影」所在地。

# 行動派阿龍　低調力挺甘苦人

　　2021 年 4 月，交通部觀光局「養嘉湖口」幸福公車正式啟航，這條專線從高鐵嘉義站出發，沿途停靠雲嘉海線 11 個景點，解決了地方長期「行」不通的問題。

　　「坦白說這件事反映了 10 多年，但上面總是回覆接駁系統要看人流夠不夠，這不就雞生蛋、蛋生雞的問題？」口湖遊客中心營運經理蔡云姍說，過去自由行旅客得騎機車或搭計程車來湖口，前者要跋涉30 公里，後者則要掏出上千車資，對推展觀光非常不利。

　　想不到 2019 年一場座談會，翻轉了地方多年的窘境，「我當場跟阿龍部長提出建議，他一回去就請雲嘉南管理處開闢這條動線，而且馬上執行！」如今幸福公車串聯嘉義、東石與口湖，提升背包客便利，更有旅行社搭配公車推出套票，其中一站就是到口湖遊客中心騎腳踏車、吃甘苦人便當。

　　蔡云姍透露，阿龍部長也是甘苦人伴手禮的幕後推手，2020 年，他以私人名義訂了 1,500 份農產禮盒，特別要求勿過度包裝。蔡云姍靈機一動，找來架設溫網室的小農縫製茄芷袋，放進 4 項產品後剛好能塞進郵局便利箱，意外帶動伴手禮銷售，一度還讓當地郵局便利箱大缺貨。

　　「他給我的感覺就是有溫度的長官，關注到小農在通路上的辛苦，所以用行動來支持，但他做這件事從來沒跟別人說。」蔡云姍形容。

百餘年來，上游河川帶來無數養份沈積，豐潤了西南沿海地區的漁業資源，使得此地成為台灣漁撈與養殖的大本營，80% 居民以此為主要生計。

被地方暱稱為「阿龍部長」的林佳龍在任內推動幸福巴士，讓口湖得與連結嘉義高鐵站、故宮南院等景點，方便地方遊子與旅客前往。

★ 景點 | 楫梧滯洪池
　　　　鰲鼓濕地
　　　　好美里3D海洋世界戶外美術館
　　　　雙春濱海遊憩區
　　　　馬沙溝濱海遊憩區
　　　　馬沙溝3D彩繪村

● 美食 | 杰樂蕃薯園
　　　　口湖遊客中心
　　　　蔦松客棧
　　　　月実餐酒館
　　　　穀倉餐廳

▼ 體驗 | 向禾休閒漁場
　　　　井仔腳瓦盤鹽田
　　　　海中央小舖
　　　　和明織品文化館

░ 雲嘉南濱海國家風景區

楫梧滯洪池

口湖遊客中心
Kouhu Visitor Center
雲嘉南濱海國家風景區

雲林

口湖遊客中心

19

● 杰樂蕃薯園

★

● 蔦松客棧

鰲鼓濕地 ★ ▼ 向禾休閒漁場

嘉義

1

17

82

● 月実餐酒館

★ 好美里3D海洋世界戶外美術館

★ 雙春濱海遊憩區

井仔腳瓦盤鹽田

臺南

▼

馬沙溝濱海遊憩區 ★★ 馬沙溝3D彩繪村
海中央小舖

84

61 ▼

穀倉餐廳

和明織品文化館

西拉雅風景區囊括五大水庫：白河水庫、尖山埤水庫、烏山頭水庫、虎頭埤水庫，晴好雨奇、四季皆美。

旅・讀
西拉雅

旅行是空間的移動，也是時間的漫遊，旅讀大西拉雅觀光圈，像是翻開一本歷史長河寫就的書冊，交織著西拉雅族的文化足跡，以及渡海來台的移民開墾史。古鎮老街、百年溫泉，敬天謝地的老農與堅守傳統手藝的職人，傳承著無形的文化與信仰，為這塊土地刻畫出歷史的深度與人的溫度。

　　從紀錄片《無米樂》到正夯的電視劇《俗女養成記》，後壁由質樸農村搖身變成年輕人歸鄉逐夢的地方，喚回人們對舊時代的美好記憶。曾是台灣第四大古聚落的鹽水，因月津港燈節重返風華，懷舊氛圍中揉進現代藝術裝置與美學元素，讓這個以蜂炮聞名的小鎮，有了更多風味與新意。

　　日治時期就揚名的關子嶺，則是西拉雅的核心，好山、好湯、好景、好食，境內有著擁有 300 年歷史的「水火同源」景觀、及同列三級古蹟的大仙寺與碧雲寺。

　　旅人跳上單車沿 175 公路迎著咖啡香，開啟花泉輕旅行，春暖遊歷西班牙旅遊網站 BoredPanda 評為全球最美 15 條花海街道的白河「林

初埠木棉花道」；夏日途經白河蓮田賞花、白河南寮社區賞螢，再散步關子嶺風景區，親身領略泥漿溫泉洗凝脂的舒暢，最後到玉井享用一盤味美消暑的芒果冰；初秋則欣賞最美的一幅畫、大內橋下的「甜根子草花海」；冬季也有梅嶺花飄香。

　　曾文溪貫穿整個大西拉雅，流經山地、丘陵與平原，先民拓墾的腳步便是沿著溪流推進。嘉南平原也是台灣的重要糧倉，烏山頭水庫、虎頭埤水庫、曾文水庫不但澆灌這片沃土，亦是知名風景區，更為西拉雅帶來豐饒物產：白河的蓮子與藕粉、官田的菱角與番茄、東山的龍眼乾與咖啡，是遊歷此地最有滋有味的旅行記憶。

　　晴好雨奇、四季皆美，就選個季節、選個心之所嚮的景致風物，由點至線深入漫遊，一次又一次，旅讀西拉雅的豐美旬味。

# 橋南舊街

古早味新思維作新鮮水果糖葫蘆
製糖人復興鹽水第一街

---

　　若非正月燈節時分，有鹽水第一街之稱的「橋南舊街」幾乎人踪罕見，寂靜地讓遊客以為走錯時空：「老街平常就這樣嗎？」人稱「糖伯伯」的許楊格森不假思索回道：「沒錯！這條老街的 3 大特色是：第一沒有人，第二都是老人，第三是一點都不泛商業化。」

　　別稱月港、月津的鹽水小鎮，昔日曾是連接台南府城與嘉義諸羅要道，當年因港成鎮，鄰近的橋南老街商店林立。「以前說一府二鹿三艋舺，第四就是月津港，橋南老街是鹽水當年最繁榮的街道。」許楊格森說。

　　如今百年繁盛落盡，每年唯有元宵燈節期間，老街才會湧入人潮。但 2 年前來到此地擺攤的他，卻選擇留下來開店，計畫透過導覽、糖蔥展演、糖葫蘆體驗、開設咖啡館等方式，讓老街重新活絡，再現風華。

## 老街重現傳統走賣文化
## 推出糖蔥展演、介紹老童玩

出身南投廬山的許楊格森原是海軍士官、長年在軍艦上服役，29歲奉令前往美國接艦前獲知老父病重，毅然放棄穩定軍職返鄉，投入百萬積蓄開活魚三吃餐廳，不料遇上八八風災，「一夕間什麼都沒了！」

歇業後他到宜蘭散心，意外看到糖蔥展演，不惜花重金習藝，此後遊走各大景點表演拉糖蔥，也推出相關產品販售，並創立自有品牌、廣設櫃位；10年的創業路，最後宣告失敗。

另一半黃曼珍在2020年初，到月津港燈節打工拉燈籠，聽聞燈節人潮多，便鼓勵許楊格森重拾手藝。

糖蔥是昔日農村時代零嘴，唯有農閒或下雨天才會製作，煮至160度C的金黃糖液趁熱延展、包覆空氣，既維持脆度又不能折斷才是真工夫。

## 台中鳥梨、鹽地番茄、大顆麝香葡萄
## 作成糖葫蘆

當時擺攤位置正是蘇家古厝外，他們每天隔著圍牆望進老宅，「裡面的房子這麼漂亮，為何荒廢在這兒？」四處打探詢問，才知屋主已移民，在知道對方早有活化老屋的念頭後，雙方一拍即合，共同展開修復，花費近 4 個月打理出展售與 DIY 空間。

2020 年開始，他們帶領老屋巡禮、介紹老童玩與走賣文化，也規劃糖蔥展演與糖葫蘆 DIY，同年暑假開始有安親班、幼稚園慕名前來體驗。

不同於夜市豔紅色的糖葫蘆，他堅持不加色素、化學物，精挑台中鳥梨、鹽地番茄、大顆麝香葡萄等時令水果來裹糖，金黃糖衣咬下脆口而不黏牙，還能吃到新鮮水果滋味。也因作法獨樹一格。2021 年，他更應外交部與台南市政府活動邀請，利用友邦所產咖啡來製作糖葫蘆，作為宴客最後一道甜點。

糖伯伯設計的糖葫蘆體驗多了一道「拔絲」程序，
讓糖葫蘆多了新意與驚喜。

橋南老街因位於興隆橋之南而得名。

# 許楊格森、黃曼珍

許楊格森原是海軍士官、長年在軍艦上服役，29 歲因老父病重提早退役，學習傳統的拉糖蔥技術，遊走各大景點表演。但創業 10 年後他的生意走下坡，在另一半黃曼珍的鼓勵下重拾手藝。2020 年他更開始帶老屋巡禮、介紹老童玩與走賣文化，也規劃糖蔥展演與糖葫蘆 DIY。

## 認識橋南老街

**位置：**位於台南市鹽水區，因位於興隆橋之南而得名

**歷史：**為清光緒初年建造，因臨近鹽水舊港而繁盛，為鹽水最老街道，有「南瀛第一街」稱號

· 鹽水港為往來諸羅與府城要道，河港由東而南轉西如半弧彎月，故稱「月津」、「月港」，曾有「一府、二鹿、三艋舺、四月津」俗諺

· 昔日橋南老街店鋪行郊林立，後期隨鹽水港沒落，逐漸轉為住宅區，但仍保留街屋景色，並以傳統閩南三進式建築為主要特色

· 台南縣政府於 2004 年起陸續推動「月津風華再現計畫」，2010 年舉辦首屆月津港燈節，2019 年造訪人次達 91 萬

· 老街特色店家包括李家古厝、泉利打鐵鋪、橋南美食咖啡，2020 年進駐的「糖伯伯」則承租蘇家古厝，計畫透過導覽、糖蔥展演、糖葫蘆體驗等方式恢復走賣文化，讓老街重現榮景

# 後壁

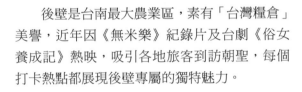

「無米樂」翻紅農鄉
7 年級生造「俗女村」再掀觀光熱

後壁是台南最大農業區，素有「台灣糧倉」美譽，近年因《無米樂》紀錄片及台劇《俗女養成記》熱映，吸引各地旅客到訪朝聖，每個打卡熱點都展現後壁專屬的獨特魅力。

後壁農村被全台灣看見的背後最大推手，一位是長期推動農村觀光的黃永全，另一位是一手打造「俗女村」的吳翊榛；一位四年級生、一位七年級生，不同世代的創意與觀點，共同活絡這塊土地。

## 點亮「嫁妝一牛車」習俗 讓遊客變裝同樂遊老街

62 歲的黃永全原在鶯歌從事陶藝教學，2005 年他看到以後壁老農為主角拍攝的紀錄片

老屋保留《俗女》場景提供遊客參觀。

黃永全將老台南「嫁妝一牛車」習俗轉化為變裝遊街，讓遊客從體驗中感受趣味。

《無米樂》上映，「裡面修腳踏車的人，就是我爸爸！」看著影片中的老人家身影，「坐在屋簷下，好像有一點落寞，又好像又有一點希望……。」因為紀錄片播出之前，後壁已連續多年人口負成長，產業衰退、年輕人口外流，大家都希望藉此重振老街風光。

於是他聯繫媒體、帶行腳節目拍攝，「記者報導說有個年輕人想回鄉做文史工作，報紙一登出去，好像不回來也不行！」黃永全笑說。

那一年黃永全 47 歲，回到後壁的菁寮老街成立文史工作室、規劃遊程，以三輪車載遊客繞老街、在大樹下吃割稻飯，發現都市客對此特別憧憬，「這代表，老人、老店、老故事，反而是年輕人好奇的。」

紀錄片上映後的影響長達 8 年，帶動約 50 萬遊客到訪，店面成長率達 40%，年創 2,000 萬商機，但也衍生危機：「如果無米樂時代的老人不在了，還推得動嗎？」當時有社區改造專家這麼問。

幸而經台南縣政府文化處輔導，以嫁妝文化特色建構區域資產，凸顯農村文化，「進入後無米樂時代，我定位在農村遊樂園的概念，遊客一來就發斗笠、吃飯要有上菜秀，把農村典故應用到遊戲裡。」

黃永全認為，純導覽已無法吸引遊客，必須融入具農村特色的娛

樂活動，創造差異，好比將老台南的「嫁妝一牛車」習俗拉出來，轉化為遊客同樂的變裝遊街，從體驗中感受趣味。

接連熱播 2 季的台劇《俗女養成記》，則帶來另一波觀光熱潮。

## 後無米樂時代
## 台南女兒打造俗女村推動共好

2020 年，剛當選後壁商圈理事長的吳翊榛，發現許多老屋閒置或頹圮，其中又以剛整修好卻無人經營的義昌碾米廠最教人惋惜，她與屋主、修復團隊商量後進駐米廠，以此為基地服務遊客，除販售文創小物、伴手禮，也開辦導覽、小旅行。

過程中，輾轉接觸《俗女養成記》劇中主角陳嘉玲老家場景「金德興中藥鋪」後人，於是提出「共享、共創、共好」的概念：「大戶人家分享老屋，年輕人分享技能，共同創造出不一樣的商品、商業模式或多元價值，大家可以共好。」獲得對方支持，於是，她帶領團隊進駐，再串聯老屋活化的義昌碾米廠、見成家具行，打造不折不扣的俗女村。

戲劇熱播帶動人潮，吳翊榛卻認為不能單靠劇情支撐觀光，特色店家也要夠多才能長久。去年她號召一群年輕人進駐菁寮老街，有東山小農、六甲農場、善化冰舖、阿里山下的檜木工坊等，創造遊客動線、多點串接，讓遊客走得夠遠、待得夠久，停留時間長，以產生消費力。

像是熱門的「金德興中藥鋪」，以門票抵消費模式維護參觀品質，而可抵消費地點也擴及見成、義昌，自然催動遊客多逛一家店，加上

茄芷工坊、墨林文物館、菁寮囝仔、萬味香醬園等在地商家已具基本聲量，多點串聯，讓整個商圈快速活絡。

「我們延續無米樂的精神，串接俗女、返鄉青年的故事。」吳翊榛希望透過外部力量，鼓勵在地年輕人返鄉，「當人潮起來了，年輕世代覺得這裡有趣，而不是無聊的農村時，他至少願意在假日回來，就算自己不住，也願意把屋子租出去，老房子就不至於崩壞。」吳翊榛說。

作為前輩的黃永全則認為，後壁人口老化嚴重，「老人家凋零的速度太快，年輕人回來的時間不確定。」若能把觀光帶起來，提升長輩出租老屋、年輕人返鄉意願，就算只在假日營業，也能讓老一輩生活活絡起來。

說到底，即使「無米樂」、「俗女」世代不同，但共同心願都是活絡後壁，讓這個三級偏鄉有朝回春，恢復往日榮景。

電視劇《俗女養成記》以金德興中藥行為主要場景，去年 9 月後院規劃為俗女村作為賣店、開放參觀，讓遊客一窺《俗女》日常。

後無米樂時代，後壁因電視劇《俗女養成記》翻紅，開始有在地年輕人返鄉。

戲劇熱播帶動地方觀光、商圈活絡。

# 黃永全

黃永全已經 62 歲，原在鶯歌從事陶藝教學，在 47 歲時，因紀錄片《無米樂》上映，他希望藉此重振老街風光，回鄉投入文史工作至今 15 年，在後壁的菁寮老街成立工作室、規劃遊程，以三輪車載遊客繞老街、在大樹下吃割稻飯，吸引都市客。

# 吳翊榛

吳翊榛 2020 年剛當選後壁商圈理事長，以「共享、共創、共好」概念與戲劇《俗女養成記》劇中主角陳嘉玲老家場景「金德興中藥鋪」後人建立共識後，帶領團隊進駐，再串聯老屋活化的義昌碾米廠、見成家具行，打造不折不扣的俗女村。

## 🗺 認識後壁區

**面積**：72.21 平方公里 | **人口**：約 2.2 萬人，65 歲以上人口占 26.91%（菁寮里為 32.88%）

**地理特色**：

· 後壁遍植水稻，為嘉南平原穀倉，種植面積達 3500 多公頃居全國之冠

· 後壁商圈主要集中於後壁火車站、菁寮老街、上茄苳與安溪寮 4 區，為觀光型商圈

· 菁寮舊稱「菁寮庄」，因大量種植染料植物「青仔」而得名，清中葉以來為鹽水港至諸羅縣（嘉義）官道重要驛站

· 清末至民國 50 年代商業繁盛，北勢街因結婚用品一應俱全，有「嫁妝街」美名

· 2005 年紀錄片《無米樂》主要場景，帶動老街年收 2,000 萬元商機

· 2018 年後廍社區（無米樂社區）獲「第 1 屆金牌農村競賽」銅牌獎；2019 年後壁區獲選第 1 屆台灣經典小鎮

· 台劇《俗女養成記》2019 年播出後帶動人潮，假日來客量可達 2,000 人次

# 關子嶺

百年溫泉區
山嵐與雲霧環繞天下第一靈泉

下了白河交流道，直往關子嶺而來，這個百年前就擁「天下第一靈泉」美名的溫泉鄉，在枕頭山、虎頭山、大凍山、雞籠山等群峰環抱下，觸目綠意，格外顯得幽靜。「北台南其實很適合沿著公路玩，從鹽水、後壁到白河，上山來關子嶺泡溫泉，再上去東山喝咖啡。」關子嶺形象商圈總幹事翁雅齡說。

閉上眼睛，跟著她引領的地圖走，路線串聯了鹽水古鎮、後壁的老街與農村、東山175咖啡公路，而關子嶺就是最好的中繼點，夏賞白河蓮花，冬採南寮椪柑，「玩一圈下來，還可以到官田遊客中心，走台84線快速道路去梅嶺或山上花園水道博物館…。」這地圖越擴越大，根本3天3夜也走不完啊！

很多人覺得夏天來關子嶺很浪費，因為太

熱不想泡湯！翁雅齡笑說：「關子嶺溫泉區依偎在青翠的山脈上，溪谷飛瀑、山嵐與雲霧時而在山腰徘徊，終年風輕氣爽，不僅可飽覽四季山林之美，山林田野間的蟲鳴鳥叫、山櫻花點綴了滿山，四周還有有大凍山、雞籠山、碧雲寺步道，大家來登山健行，晚上留下來住宿，泡湯是多一道享受啊！」

## 青翠山脈、溪谷飛瀑
## 飽覽四季山林之美

　　42 歲的翁雅齡是「沐春溫泉湯宿」第二代，原本從事營建業的翁爸為了滿足愛妻泡湯願望，在 20 年前買下一塊附有小教堂的土地，「本來他們只想當成私人招待所，突然地就愈買越大塊，愈蓋愈大間！」

　　她大學畢業那年，爸媽決定將私人湯屋規劃成溫泉招待所，乖女兒陪著出國觀摩旅館、買家具木雕，「過得超好！」誰知 2004 年開幕後，才知道經營旅館和想像中完全不同。

翁雅齡希望結合在地小農、產業遊程，創造遊客來訪關子嶺的新體驗。

那正是週休二日上路後，台灣旅遊臻至顛峰，「當時只做泡湯和吃飯，15 間湯屋從早上 8、9 點開到晚上 12 點，每間 1 個小時來算，一天可以賣 100 多間，250 元小火鍋能賣 5 萬多元！」翁雅齡笑說，那時每天跑來跑去招呼客人、收拾餐盤，「都不知道那種日子是怎麼走過來的？」

　　但縣市合併後，觀光資源分散，加上關子嶺被劃入特定水土保持區，地方開發受限，無法吸引集團進來，小店家則多守舊或面臨二代不願接班，讓在地觀光逐漸走下坡。

　　前幾年的暖冬更帶來重擊，「溫泉業是看天吃飯的行業，就是一直看天吃飯，我才會想開發橫向的遊程。」

關子嶺溫泉屬鹼性碳酸泉，濃濁滑膩，是全台唯一的泥漿溫泉。

閩式風格的小教堂為前地主撥地建造，多年後宣教士老去、教堂閒置，沐春進駐後保留這座 90 年老教堂，整修後獲 2005 年「南瀛建築文化獎」最佳人氣與專家評審首獎。

## 青翠山脈、溪谷飛瀑
## 飽覽四季山林之美

「很多人都說關子嶺很好，但有多好？只有自己人知道。」翁雅齡說，年輕客常抱怨關子嶺沒什麼好玩，「年輕人都用 Dcard，我幾年前搜尋，討論關子嶺的文章只有 1、2 篇，我們在年輕人的世界裡面，是不存在的耶！」

於是，她透過勞動部多元就業方案，為商圈建構定時定點導覽人員、找來 DIY 師資駐點，「大家都說我自找麻煩，本業顧好就好啦！」但她認為，受限法令，關子嶺無法做大型建設，「我們為什麼不自己設計一些小遊程，或給旅人一點小小的回憶也好？」

而且，只要周邊遊程夠豐富有趣，不必四季都以溫泉為主角。她效法日本民宿以特色遊程、課程吸客，與在地小農、南漂青年合作，創造遊客來訪關子嶺的新體驗。

好比搭上 11 月的南寮椪柑節，招待住客前去採椪柑；請來東山冠軍咖啡「大鋤花間」老闆教品味咖啡，或邀請甜點師傅使用當季在地食材，限時限量推出「森林早午餐」。

其他，如：茶藝、烘焙、泥染、身心瑜伽等，帶領遊客體驗不一樣的關子嶺，主力客層也從退休熟齡客，轉變為 30 歲上下的姊妹淘小旅行。

「其實最好的地區發展，是自己在地人可以永續經營這塊土地，這才是有生命力的。」即使轉型的路磕磕碰碰，她仍力圖跳出老派思維，將永續理念傳達出去，盼以四季不同的關子嶺風貌，為這個百年溫泉區創造新生命。

「沐春溫泉湯宿」結合在地物產，推出咖啡染、薑黃染，並以含有鐵質的溫泉泥取代化工原料來定色，成為全台獨一無二的泥染體驗。

## 地方好朋友　翁雅齡

翁雅齡是關子嶺形象商圈總幹事，也是「沐春溫泉湯宿」二代。因原本從事營建業的翁父為了滿足愛妻泡湯願望，在 20 年前買下一塊附有小教堂的土地，打造私人湯屋。在她大學畢業那年，擴大規劃成溫泉招待所。

## 認識關子嶺

**面積：**72.21 平方公里

**地理特色：**位於白河東境，海拔 270 公尺

- 關子嶺與北投、陽明山、四重溪溫泉並列台灣 4 大溫泉區，屬鹼性碳酸泉，濃濁且含有硫磺成分，並具滑膩感，為全台灣唯一的「泥質溫泉」
- 1898 年日軍在關仔嶺庄發現溫泉，1902 年首家溫泉旅社開設，1913 年公共浴場落成，獲「天下第一靈泉」美譽
- 境內「水火同源」又名「水火洞」，名列台灣七景和台南縣八景之一
- 2021 年獲觀光局台灣好湯金泉獎「觀光友善環境獎 - 金獎」

## 四季變幻如詩　西拉雅觀光圈最適合公路小旅行

2005 年成立的西拉雅風景區，是台灣第一個以人文命名的國家風景區，融合原民文化、日治時期、台灣農村等多元特色，風土人文豐富。

為了讓在地更廣為大眾看見，2021 年在西拉雅國家風景區風管處與台南市政府推動下，成立大西拉雅觀光圈，讓各景區得以串聯成為完整旅程，以體驗觀光、深度旅遊、資源互補進行區域整合，並結合旅遊通路與商品通路，形成區域產業聯盟，延長觀光旅遊停留時間。

台灣觀光產業發展的重要一環，其實就是要找出能夠成功開展的特色，而特色的體現，正是我們一直在談的「體驗經濟」。

在地人的生活，就是外地人觀光最好的體驗，也會形成一種生活產業，因為，只有真正的「在地」才是「國際」。而且，必須要有辦法帶動地方的經濟，地方才能夠持續發展。簡單來講，就是必須有「產業」跟「就業」。

如果從這個角度切入，就不會只是去製造一個讓觀光客只剩打卡的所在；必須做到讓人真的有感的體驗，不管是文化或是生態。

因為電視劇《俗女養成記》與電影《斯卡羅》翻紅的後壁與鹽水，正好可以連結到大西拉雅觀光圈的關子嶺、東山，不管是搭配季節到白河賞蓮花、吃蓮藕特色餐，或是上南寮採柑橘，都可依照著地圖路

線來趟內行人才知道的公路小旅行。

畢竟,它廣大的轄區涵蓋了嘉南平原及丘陵山林,可以隨著四季轉換、追逐美景與農產,由點至線、深入漫遊,而轉換時節後,還可再訪再遊。

如果擔心交通問題,西拉雅國家風景區管理處也規劃「台灣好行—關子嶺線」,連接高鐵嘉義站、南靖火車站、後壁火車站與關子嶺溫泉。

台南市交通局亦推出「俗女養成記接駁專車」,往返嘉義高鐵站至菁寮,及與大台南公車故事館合作的「黃線深度之旅 - 俗女養成記、菁寮無米樂」,並安排導覽解說,帶遊客走訪《俗女》拍攝場景,讓民眾能盡情走訪西拉雅的優美風光。

台灣要找出夠成功發展的特色與要素,只有真正的「在地」,才是「國際」。

雲林縣

61

月津港

82

17

1

嘉義市

1

大智慧養生休閒農場 ★

★ 菁寮老街
（俗女村）

大鋤花間咖啡生態農場

嘉義縣

糖伯伯糖葫蘆 ●

烏山頭水庫

仙湖農場 ▽

曾文水庫
（山豬島）

★

官田烏金菱炭森活館 ▽

1 臺南市

84

關子嶺溫泉

山上花園水道博物館 ★

8

瓦樣山巷

17

146

3

高雄市

| ★ 景點 | 大智慧養生休閒農場<br>菁寮老街（俗女村）<br>關子嶺溫泉<br>月津港<br>烏山頭水庫<br>山上花園水道博物館 |
|---|---|
| ● 美食 | 大鋤花間咖啡生態農場<br>糖伯伯糖葫蘆<br>瓦樣山巷 |
| ▽ 體驗 | 曾文水庫（山豬島）<br>仙湖農場<br>官田烏金菱炭森活館 |

隙頂象山觀景台望向遠方的兩山相交之處，便是隙頂地標——象山。

新印象
阿里山

那一夜，坐擁整片阿里山的星空，繁星如此擁擠，讓我們詫異地不敢眨眼睛。在冷冽的空氣中靜待雲霧散去，等待破曉的天空透出一點橘色的光，天色逐漸明朗，直到阿里山在日出時刻的驚嘆聲中醒來。看不看得到日出、雲海，似乎倒也不太重要了；畢竟，在祝山看日出，已是許多人共同的時代記憶。

　　過往對於阿里山的印象，大抵是日出、神木、小火車、阿里山的美姑娘。而今，阿里山已蛻變轉型，不同海拔高度上分布的鄒族部落、茶田、漢人老街與農園，自成各具特色的人文風景，當大眾不再將阿里山簡化為老套而單一的遊覽路線，那隱藏在蜿蜒公路上的景點，便輻射出繁星般多元豐美的深入體驗。

　　沿著台 18 線開展的翠綠茶園，有些甚至是坡度極陡的梯田，那是 40 年前農民辛勤開拓的血汗成果。這幾年欣見世居鄒族人加入製茶產業，更有人復興了日治時期留下的咖啡園，讓雲霧溫潤的咖啡香與茶滋味，共同成為阿里山區驕傲的名產。

　　阿里山森林鐵路與台 18 線構成區內的交通大動脈，加上新中橫公

路串聯玉山風景區，無論是開車自由行，或以鐵路搭配台灣好行接駁，對觀光客來說都十分便利。春天的櫻花、初夏的螢火蟲，秋冬的日出、雲海和楓紅，以及山城特有的林業歷史與鄒族文化，不同季節、不同海拔、不同景物，給了遊客全年造訪阿里山的理由。

　　漫步神木群用力森呼吸，走進奮起湖老街，吃一顆匯集山中鮮味的鐵路便當，又或是啜飲一杯讓心放慢的珠露茶，仰望塔山的神聖與靜謐氛圍。阿里山的美，從不在喧囂匆忙地到此一遊或血拼名產，而是山裡人真誠接待的溫度，暖和著每一個到訪的旅人。

# 生力農場

坐看日出與雲瀑山景
無菜單茶料理遠近馳名

雲霧繚繞的阿里山隙頂地區，以雲瀑、夕照、琉璃光美景聞名，也是阿里山知名茶葉產區。

生力農場第二代老闆黃昶豪，從小見證阿里山茶萌芽到興盛，「我爸民國 73 年就在這裡種茶了，那時最流行說茶廠是在阿里山公路幾公里處，這條公路產的茶，就叫阿里山茶。」

如今，這家人不只守著茶廠老字號招牌，更複合民宿、餐廳、咖啡館經營，連同備受遊客喜愛的製茶體驗遊程，為老茶區創造新生命。

阿里山在日治時期即引入咖啡種植，黃昶豪在退伍後利用父親早年種下的咖啡苗開闢咖啡園，自家咖啡豆曾獲國家優良食品金牌獎。

看不膩的翠綠茶園、無敵山景，體驗採茶樂，與在茶香、咖啡香裡舒展身心，
才是親近阿里山最好的祕徑。

## 茶葉入菜推出無菜單料理
## 紅茶豬腳、茶香檸檬魚成招牌

黃昶豪的家族世居石棹地區,阿里山大興林業的年代,黃家正是其中一員。只是,種杉木得等待 10 年成材,麻竹筍每年也只收 1 次,傳到爸媽黃榮增、羅秀梅這一代,更有「做工袂出脫(做工沒有成就)」的感嘆。

1984 年,他們一家來到隙頂開墾茶園,搭上民國 80~90 年阿里山茶的黃金時期,孩提時代的黃昶豪因從小就得幫忙曬茶乾,耳濡目染,才退伍便在製茶比賽嶄露頭角。但隨著梨山、杉林溪等新茶區聲名鵲起,阿里山茶由繁轉衰,老茶區風華逐漸被掩蓋。

「民國 70 幾年阿里山茶 1 斤 2、3 千元,現在還是 2、3 千!」阿里山茶雖有名氣,聲量卻很難轉化為銷售量,數十年來隨工資、物價飆升,茶農收入相對變薄,「我們不能在守在這裡!」

幸而千禧年過後,隙頂觀光逐漸興盛,成了改變的契機。

過去每逢茶季,媽媽總會燒幾道家常菜款待上山試茶的熟客,茶廠 2 樓就成了半開放的招待所。

一代經營 1 樓茶廠、二代運營 2 樓餐廳的模式開啟。

黃昶豪與妻子郭在阿里山國家風景區管理處輔導下,鑽研將茶葉入菜,包括紅茶豬腳、茶香檸檬魚等招牌菜色,都是當年由五星級飯店大廚傳藝、再由夫妻倆一起改良而成。

## 鮮採節令在地食材
## 前總統李登輝都曾來訪用餐

　　他們一開始打出無菜單料理，並非譁眾取寵，全看園子裡有什麼時才可以入菜，若夏季麻筍盛產，則用山上家家自醃的酸筍料理魚，完全有別於山產熱炒店，就連前總統李登輝都曾來訪用餐。

　　但一開始起步並非順風順水，「只有週末有客人，且附近民宿不多，中午一波客人就沒了，一天才收幾千塊錢。」老人家看在眼裡難免叨念：「我在樓下賣一個客人，營收就上萬元了。」

　　黃昶豪透過商圈聯盟接觸展售，同時也靠民宿招攬新客，「我們有茶、有咖啡，客人喝了喜歡就會購買。」自家種植的咖啡豆還在2008年獲國家優良食品金牌獎，讓黃昶豪成了咖啡、茶葉雙料職人。

　　這幾年興起的產業體驗，生力農場早在10多年前就推行。最早是承辦嘉義大學的漂鳥營與農經系校外教學，2011年統一「茶裡王」到生力農場拍攝廣告，雙方合作製茶營、員工訓練，也成為日後遊程的雛形。

茶香檸檬魚以清香烏龍入菜，烏龍茶汁佐鮮魚香氣，加上檸檬酸度提味。

紅茶豬腳使用軟枝烏龍製作的紅茶，搭配辛香料與中藥材熬滷，皮彈肉嫩，不油膩，散發甘美茶香。

## 開放茶園體驗　坐看日出與雲起
## 感受在地人文故事

「困難在於你得開放茶園給遊客進去，那就不能正常採收，但做久了會發現，如果能穩定接客，開放體驗的收益會比正常採收好。」黃昶豪說，做體驗同時也是在教育客人，增加他們對茶的興趣，「他們做了茶才會理解，原來阿里山茶並不貴，茶的價值才會被凸顯。」

「過去台灣的旅遊思維綁死在國旅，不管是景區或遊程規劃都是針對團客，可是這兩年疫情影響、陸客減少，會發現大家比較喜歡自由行。」他認為，真正吸引人的是祕境，正是這些蘊含在地人文故事的風景，才能讓旅人不斷重遊。

又或者是哪兒也不去，就窩在民宿坐看日出、雲起，「以前歐洲客人在我們家陽台就可以呆一整天，連吃個早餐都要拿出去曬太陽！」郭孟慈驕傲地說。看不膩的翠綠茶園、無敵山景，在茶香、咖啡香裡舒展身心，或許這才是親近阿里山最好的祕徑。

生力農場位於隙頂象山觀景台旁，可以遠眺玉山。

**地方好朋友** 黃昶豪

黃昶豪的家族世居石棹地區，歷經阿里山大興林業的年代後，
1984 年上一代來到隙頂開墾茶園，搭上民國 80~90 年阿里山茶
的黃金時期。2007 年，他與太太郭孟慈開設民宿；2018 年在
阿管處協助下，推出適合散客的製茶體驗，並與旅行社合作客
製化深度遊程。

## 認識生力農場

**面積**：79.86 平方公里 ｜ **人口**：5 萬 3 千多人

**地理特色**：

· 生力農場開拓不同客群，特別結合民宿、餐廳、咖啡與茶莊複合經營，從茶葉出發鑽研無菜單茶餐，訴求在地食材、
　當季時蔬，成店內最大特色。

· 2008 年以咖啡豆獲得國家優良食品金牌獎。

· 2010 年獲得嘉義縣春茶製茶技術比賽第 3 名、首屆全國紅茶賽季軍獎。

· 2013 年獲得阿里山春季高海拔優良茶比賽青心烏龍組頭等獎

# FKUO 山芙蓉

鄒族文化茶品牌
茶師打造無菜單原住民料理

　　循著阿里山公路來到海拔 1,200 公尺的樂野村，此地形如湖底，在鄒族語言中又喚做「fkufkuo」，意為開滿整座山的山芙蓉。而開設於此的 FKUO 山芙蓉茶業，便如同這屬於台灣特有種的鄒族神花，是個獨特的存在。

　　「整個阿里山鄉，做茶的原住民只有 3~4 家，但新一代中又想朝品牌化經營的，只有我們。」鄒族製茶師武建剛說。他與妻子陳慧玲 2013 年創業，不但是台 18 線阿里山公路上僅有的原住民茶莊，也是全台 33 家亮點茶莊中，唯一入選的原民業者。

## 「阿里山 X 鄒族 X 茶」品牌
## 唯一原住民亮點茶莊

獨一無二，正是因為不容易。

阿里山茶業始於 1982 年公路開通，當年因製茶成本高，缺乏資金與技術的原住民多只能將土地租給漢人經營，再加上鄒族人內斂寡言，對買賣、做生意不在行，也使得阿里山茶區雖成名甚久，卻少有族人從事這一行。

代代世居阿里山鄉樂野村的武家也不例外，父親原將茶園租給漢人朋友，租約一簽 15~20 年，直到 9 年前租約陸續到期。

高中畢業就開始學習製茶的武建剛，在太太鼓勵下自創品牌，夫妻倆從市集擺攤開始，無奈，白天市集雖正常，晚上卻突然變夜市，「隔壁賣烤肉、烤香腸，客人怎麼聞得到茶香？」兩人一步步修正策略，精選具文化意涵的活動參與，才逐步累積客源、打開知名度，熬了 1 年終於開店。

長期跑展與主題市集，他們發現市場已質變，「不作品牌很快被淹沒，尤其拉不到年輕客群。」相較於同業已耕耘市場 30 多年，老茶莊專攻中盤、老客戶，習慣了大罐賣，包裝不脫傳統「雲海、火車、茶園」圖樣，他們一開始便決定以品牌迎戰，走出只能作批發、賣茶菁賺取薄利的窘境。

武建剛說：「1 公斤上好茶菁收購價 150 元，但 3 公斤茶菁製成 1 台斤的茶乾至少能賣 2 千元，你看中間價差有多大！」

為此，他們設定品牌核心「阿里山 ╳ 鄒族 ╳ 茶葉」，將原民精神融入茶文化、區隔市場，並針對年輕、送禮客群推出精緻小包裝。

　　從停車場改建而成的小店，也不走老派茶莊風格，文質暖色調像極了時尚咖啡館，「常有外國客人開車經過，突然煞車再倒車回來問：這裡可以買茶嗎？」陳慧玲笑說。

串連部落「迷糊步道」導覽與茶席體驗遊程，引領遊客深度了解鄒族文化。

俗稱小米粽的「奇拿富」是排灣族節慶點心，裡頭包有阿里山的假酸漿葉，風味特別。

## 鄒族創意風味餐：
## 山葵豆腐、刺蔥雞腿、假酸漿葉小米粽

　　正因辨識度高，2015 年嘉義縣政府請他們參展，隔年便獲得原民會百萬創業補助，再入選為農糧署亮點茶莊，加上阿里山國家風景區管理處輔導為特色店家，帶著山芙蓉逐漸茁壯。

　　此外，他們也另闢蹊徑，不像傳統茶行坐等顧客上門，以餐點來開拓新客源。

　　出身屏東排灣族的陳慧玲請來媽媽坐鎮，結合阿里山在地食材、排灣族手法，推出無菜單風味料理：山葵豆腐、刺蔥雞腿、樹豆排骨湯、假酸漿葉小米粽「奇拿富」，道道別具新意。而隨餐搭配自家引以為傲的紅茶、烏龍茶，「以餐帶茶，客人喝了喜歡就會帶走。」

　　陳慧玲說，剛開始賣餐沒人看好，後來大家跟著賣，也因他們堅持品質，疫情前已吸引不少歐美散客；如今國旅熱，每逢假日，仍有

近百遊客慕餐而來，連預約也得看運氣。

　　搭配風味餐推出的體驗遊程，則是另一個亮點。從最早的揉茶體驗，到一般茶莊少見的烘茶遊程，他們整合附近的迷糊步道導覽、社區媽媽的茶席課，推出部落深度之旅。

　　儘管搶手，陳慧玲仍強調「深度、精緻」才是想走的路，不想趁機賺快錢。她直言：「旅行社習慣接大團，但團客來去像是一陣風，根本玩不到，素質還是需要提升。」

　　畢竟一路走來，全靠他們對品質的堅持才有今日成績，更希望能透過一壺好茶、一份蘊藏心意的餐點，將這片山林的美好分享給更多人知道，也讓鄒族文化精髓隨茶香飄揚四方。

品牌「武茶」走鄒族風包裝，傳達原民文化與精神。

武建剛是鄒族人，妻子陳慧玲則是來自屏東的排灣姑娘，兩人創立的山芙蓉是台 18 線上唯一由原住民開設的茶莊。

**地方好朋友** # 武建剛、陳慧玲

鄒族製茶師武建剛與出身屏東排灣族的妻子陳慧玲，2013 年創業成立「FKUO 山芙蓉茶業」，不但是台 18 線阿里山公路上唯一的原住民茶莊，也是全台 33 家亮點茶莊中唯一入選的原民業者。

## 💬 細說 FKUO 山芙蓉茶業

· 包裝連結阿里山與鄒族文化，鎖定伴手禮市場，以精緻小包裝獲得年輕客青睞。2015 年，獲嘉義縣政府「北緯 23.5 度的幸福 嘉義禮好」認證，2016 年入選原民會第 2 屆「原住民族精實創業輔導計畫」，創「武茶」品牌。

· 以餐帶茶，結合在地食材推出部落風味餐，成為吸客亮點。2017 年獲農糧署評選為茶服務產業「亮點茶莊」。

· 推出揉茶、烘茶體驗，並串連部落「迷糊步道」導覽與茶席體驗遊程，引領遊客深度認識鄒族文化與阿里山茶產業。

# 來吉部落

鄒族山豬工藝村
以參與式體驗帶人深入部落生活

　　進入阿里山來吉部落，最先映入眼簾的便是大大小小的山豬圖騰：木雕的、石雕的、或直接畫在路邊巨石上，線條樸拙、顏色繽紛，像極了部落質樸卻有溫度的人情。

　　這片靜好的風景，卻曾滿目瘡痍。2009 年莫拉克颱風橫掃台灣，洪流挾土石沖進來吉部落，聯外道路、橋樑中斷，房舍幾乎被淹沒。災後部落一分為三，分別遷往山下永久屋與152 林班地；選擇留下來的人決定復興來吉，「既然選擇留下來，就要走向自己要走的路。」來吉社區發展協會理事長莊雅婳說。

傳說特富野獵人因逐獵山豬而發現來吉這個豐饒之地，山豬也成為部落營造旅遊空間特色地標的最佳代言。

## 部落吉祥物山豬、貓頭鷹化身工藝品
## 旅人 DIY 玩出好禮

她出身達邦部落，正職是衛生所護理師，「我爸是公職人員，一直希望我回鄉服務，因為若是連在地人都不願回鄉的話，誰會來這裡工作？」丈夫武正清則受叔叔、知名鄒族舞蹈家武山勝影響，1997 年成立來吉社區發展協會，致力傳承母語文化，夫妻倆投入社區工作多年，也在風災後帶領居民一步步站起。

說來容易，做起來卻是步步艱辛。

來吉腹地小、耕種面積少，過去仰賴觀光帶動農業、工藝發展，村民得以留鄉安居。怎料，颱風讓通往號稱「鐵達尼岩」的知名景點「斯比斯比大峭壁」的道路一夜崩塌，災後接駁小巴開不了、遊客進不來，原本能月月吸引上千來客，後來完全變成零。

「不知道該做什麼？那要不然發展原有的工藝！」莊雅媜說，「我相信自助而後天助，很多地方受創比來吉嚴重，總不能等到輪到我們才開始，起碼要站起來告訴大家：我們還在！」

2012 年協會成立工藝班，號召族人就地取樟木為材，以山豬、貓頭鷹為意象發展工藝品，再到外頭擺攤。相傳來吉是獵人追逐山豬而發現的豐饒之地，山豬本就是部落吉祥物，貓頭鷹則有報佳音、送子鳥寓意，隨展售推廣、臉書分享，才慢慢吸引遊客回籠。

來吉居民取在地的樟木來雕刻
山豬，成為最具特色的吉祥小
物，協會並開設工藝班，發展
山豬工藝品，讓遊客也可參與
山豬 DIY。

野生愛玉子曾是來吉重要的經濟
作物，以前部落小孩想吃零食就
搓愛玉來吃，如今也是頗受親子
團體喜愛的體驗行程之一。

## 深入部落生活
## 鄒族服飾、狩獵體驗、揉愛玉、咖啡 DIY

這幾年疫情改變國旅形式，他們也將純粹賞玩的工藝擺設轉為實用性商品，如檯燈、奶油刀、山豬盤等，並增加遊程與餐飲搭配，工藝營收占比降至 3 成，遊客來訪意願卻更高。

莊雅媜希望透過觀光帶動農業、子孫們將來可以留在部落，「當經濟收入能夠滿足生活所需，年輕人就會願意留下來！」她驕傲說，這幾年人口已經有回流跡象，一來是族人耕地仍在來吉，二來是部落觀光活絡，「店家需要人就會增加就業機會，農產品也可以在地銷售。」

或許正是破釜沉舟的決心，來吉觀光逐步復甦，除了南非媳婦 Hanna 開設的部落廚房一位難求，社區裡的咖啡屋、風味餐、快炒店生意也不錯。

而協會則成為旅遊平台，協助轉介不同的住宿、體驗服務，像是蘭后山莊、阿古亞納兩家民宿可接待中大型團客，另外也有貨櫃屋、露營區可選擇。

遊程則可以客製化安排，依據遊客屬性、時間與需求來規劃磨山豬、揉愛玉、咖啡 DIY，或是鄒族服飾、狩獵體驗等，帶領遊客深入部落生活。

## 來客求精不求多、降載顧品質
## 追求靜謐與永續願景

風災過後，阿里山國家風景區管理處整治步道、修建涼亭與來吉廣場等硬體設施，同時也進入社區協助家戶環境改善。如今當地特色店家增至約 20 間，能提供的服務更多元。

這幾年，來吉部落用山豬意象重振觀光，「山豬部落」名號不脛而走，與在 152 林班地重建家園的「得恩亞納」互相串聯，以山中祕境、部落藝術文化吸引遊客探訪。

對於來吉未來的觀光願景，莊雅媜希望永續經營，「錢慢慢賺就夠了，人太多也無法提供好品質，與其引來負面評價，不如弄好服務品質，最重要是讓遊客覺得這裡的人才是最美的，像朋友一來再來，這才長遠。」

午後冬陽暖暖照在塔山下的來吉，遠遠傳來遊客的笑聲，拐個彎又見部落人家正在廊前揀咖啡豆。這裡沒有熱門景區的熙攘，沒有老街的叫賣繁囂，卻有著樸實恬靜的日常風景，也因了解來吉這一路的艱辛，更能體會這樣的美好如此珍稀。

塔山是鄒族聖山，來吉也被稱為「塔山下永遠的部落」。

**地方好朋友　莊雅媜**

出身達邦部落的莊雅媜，正職是衛生所護理師，在父親的召喚與另一半武正清的叔叔、知名鄒族舞蹈家武山勝的影響下，夫妻倆投入社區工作多年，致力傳承母語文化，也在風災後帶領居民一步步站起。

## 認識來吉部落

**面積**：428 平方公里　｜　**人口**：約 400 人，實際居民約 200-300 人

**地理特色**：

· 原名拉拉吉（lalachi），意為「濕地植物很茂盛的地方」，地處鄒族聖山「塔山」下，被稱為「塔山下永遠的部落」。

· 境內有神似鐵達尼號船頭的巨岩而聞名，觀光與農業為經濟主力，目前從事觀光相關業者約 20 家，農業則包括咖啡、茶葉、麻竹筍、有機蔬菜等。

· 八八風災後阿里山國家風景區管理處協助由社區藝術家打造山豬地景雕刻，2017 年再協助部落改造風格店家，形塑部落特色。

· 疫後由工藝品販售轉型為體驗觀光遊程，從鄒族文化出發邀請遊客走入部落日常，整合民宿、餐飲、工藝等不同店家，讓農作物地產地銷，促進年輕人口回流。

暖心小故事 ♥

## 觀光圈拉近業者距離　優化遊程能見度提高

　　阿里山國家風景區橫跨梅山、竹崎、番路及阿里山等 4 鄉，海拔高度從 2663 公尺的大塔山到平地，總面積逾 4 萬公頃，由於幅員廣大且少有交集，直到 2019 年在交通部長林佳龍的觀光圈政策下，成立「大阿里山產業聯盟」，才讓被視為老派旅遊景點的阿里山翻轉新貌。

　　一直以來，中國操縱觀光客、將旅遊作為懲罰他國的武器，已行之有年，前交通部長林佳龍在 2019 年 1 月 14 日上任後半年，已面臨陸客來台限縮；隔年 2020 年 1 月 11 日第 15 任總統副總統及第 10 屆立法委員選舉，蔡英文總統順利連任、民進黨籍立委也獲得壓倒性勝利，自此陸客急凍、衝擊台灣觀光業。當時，交通部觀光局已做好因應對策，包含擴大國旅，也同時爭取更多國際旅客來台，

　　後來的新冠肺炎大爆發，反而讓台灣在疫情中因禍得福，否則若春節期間大量陸客來台，恐怕防疫工作會更加嚴峻。

　　在阿里山觀光產業從業人員的餐敘中，大家無不感謝林佳龍的真知灼見，但他謙虛說：「大家都知道，中國的資訊一向不透明、甚至會隱匿，當疫情已經爆發的時候，通常就代表是非常嚴重、蓋不住了。SARS 發生的時候，我剛從國安會諮詢委員轉任行政院發言人，所以已經有過一次危機處理經驗。」面對中國，他當時做的第一步就是決戰邊境、守護國門。

當時，交通部在一月春節期間落實「三停」，停武漢團來台、停台灣團往中國、停止接待在台的湖北團，為的是守住邊境、把國內移動風險降到最低。

　　因為他的料敵從嚴、超前部署；我們的國門，守住了！

觀光就是一種體驗，每一個旅遊目的地都有其特色並應展現差異化。

162甲

來吉部落山豬雕像DIY

149甲

特富野古道

Hana廚房

166

169

祝山觀日平台 ★

嘉義

18

159甲

山芙蓉茶業 ●

阿將的家

★ 鄒築園咖啡 ●

湯爺爺迷糊步道導覽

18

169

飲山郁 ● ▽ 生力農場

★

里佳賞楓步道 ★

達娜伊谷
自然生態公園 ★

二延平山步道

★ 景點 | 特富野古道
| 湯爺爺迷糊步道導覽
| 里佳賞楓步道
| 二延平山步道
| 達娜伊谷自然生態公園
| 祝山觀日平台

● 美食 | 山芙蓉茶業
| Hana廚房
| 鄒築園咖啡
| 阿將的家
| 飲山郁

▽ 體驗 | 來吉部落山豬雕像DIY
| 生力農場

日月潭位於南投縣魚池鄉，是全台最大與最美麗的高山淡水湖泊，潭景霧薄如紗，四周群巒疊翠。

# 動・感／日月潭

莫非是為了補償這島嶼唯一望不見大海的縣市，上天給了南投一潭如鏡湖水，容納日月，也攬進天光雲影，隨四季晨昏倒映翻騰雲霧、風和日麗，映照湖面波光粼粼，靜謐地令人摒息，怎麼都看不膩。

　　日月潭是舊時邵族的主要聚落之地，傳說先人們追逐白鹿來到這裡，因魚獲饒富而留下定居。至今在潭區，仍流傳著拉魯島的茄苳樹王、湖裡有長髮精怪及魚姬等神秘傳說。

　　在歷史狂瀾中，邵族人仍維持傳統文化，保存歲時祭儀與舞樂杵音。也因老蔣總統對日月潭的鍾愛，蔣公碼頭、梅荷園、耶穌堂、慈恩塔皆因此而闢建，附近如玄光寺、玄奘寺、文武廟等潭區景點，也隱約與他有關。

　　歲月倉皇而去，如今留下的是令人玩味的史蹟與總統級美景。位居中部的地理優勢與四通八達的路網，讓日月潭區雖無台鐵、高鐵直達，卻有完善的接駁與環潭公車，更透過路網將旅遊路線往外輻射至集集、埔里、水里等周邊地區。

　　日月潭的雲霧滋潤，造就魚池、埔里成為台灣紅茶的最主要產區，

相同的氣候條件，也讓日月潭咖啡屢屢在國際大賽奪得大獎。車埕木業的風華、水里蛇窯的陶器、埔里的手工紙與釀酒藝術，從商業生產轉向體驗、觀光，創造的是不同於以往的文化價值。

　　從湖泊到山景，從單車追風到纜車俯瞰，又或是搭上小火車穿越集集綠色隧道，走一趟台劇《茶金》的老茶廠場景。來吧！賞一幅百看不厭的湖景，飲一杯有故事的紅茶與咖啡，潭心談心，感受日月靜好，為這美麗的島嶼之心再悸動一遍。

# 花音咖啡

得獎精品豆一口回甘

檳榔園轉耕咖啡樹

　　走進高郁淳的花音咖啡莊園，熟成咖啡果如叢生的紅寶石在陽光下閃爍著，只見高家人各自挽著水桶或布袋，在咖啡樹叢裡專注地採摘。

　　採下的咖啡果經歷水洗、日曬、蜜處理3種不同後製處理，再經人工挑豆、脫殼、烘焙，方能成就一杯咖啡。而前頭看不見的修剪枝條、除草、施肥，甚至抓蟲、觀測病蟲害防制，都是咖啡農日常重心，也難怪大學雙修社工、財經法律、輔修企管的高郁淳直呼：「當農民一點都沒有比較輕鬆！」

從莊園可以遠眺埔里市區。

高郁淳（右三）希望花音咖啡能成為一個連接眾人的平台，不只賣咖啡、辦體驗，也協助老農與社區共好發展，成為讓更多人幸福的所在。

## 友善農法與人工把關
## 獲 2018 年南投縣咖啡評鑑頭等獎

31 歲的高郁淳曾一心想做社工，卻在前往外蒙古實習時開始思考：所謂的社會工作是什麼？「我的定義是，只要能為這個社會帶來正面影響力，就是社會工作，那我在哪裡都可以做。」尤其在自己珍愛的家鄉，「假如南投的孩子都不回來，誰還會回來？」她如是道。

高郁淳的父親高來吉種植檳榔 30 多年，只是，檳榔的社會觀感不佳，很難與人互動，「剛好爸爸喝到阿里山的豆子，他說：要不然種咖啡怎麼樣？」2014 年，她畢業返鄉隔年，父女倆便在檳榔樹下種下千棵咖啡苗，正式成為咖啡農。

咖啡是 3 年生作物，種下小苗得等上 2 年才得結果；漫長等待中，她利用農閒到產銷班當活動志工，意外開啟她與諸多咖啡職人的連結。

那是魚池鄉公所舉辦的「台灣咖啡 12 強＋1 日月潭邀請賽」，「課長說：唉呦！是年輕人耶！妳要不要下個月來上班？」原來地方老農不懂網路、行動支付，年輕的她成了咖啡農、店家與公部門之間的最佳橋樑。

也因這些咖啡職人不藏私，傳授種植、豆子處理手法與鋪貨通路等知識，讓她少走許多冤枉路。熬過草創的艱辛歷程，2018 年獲南投縣咖啡評鑑頭等獎的隔年，她終於開店。

## 咖啡豆溫順微酸拉尾韻
## 外銷日本咖啡館獲肯定

受惠眾人的她，也開啟以咖啡為平台的媒合。魚池鄉鎖定精品豆推廣，但在地農民多數上了年紀，老花眼看不出蟲蛀豆，為挑豆感到困擾。高郁淳便走入社區，義務教導埔里的身心障礙者挑豆，一邊創造收入、一邊解決挑豆問題，創造雙贏。

她也到國中社團授課，傳遞基本產業知識、成本計算，「讓人務實了解咖啡。」畢竟務農很難吸引年輕人，但咖啡給人的產業印象不同，「你不會覺得它是農業，而是覺得很酷，如果能藉此吸引年輕人回家，老年化問題就可以解決。」

於是賣咖啡這件事，在高郁淳經手後，變得不單純只是買賣與計算利潤。

好比生豆與熟豆價差極大，早期咖啡農多不願銷售生豆，但她認為台灣咖啡豆難賣，「咖啡館要賺到錢才會願意推廣，所以一定要讓利！」她以「共好」為理念，將生豆交由各咖啡館詮釋，更意外賣到日本東京、神奈川的咖啡店，「透過咖啡讓國際認識台灣，這也是一種社會工作吧！」

回到吧檯前，她終於靜下來沖一壺咖啡，溫順的微酸中拉出回甘尾韻，像是童年記憶中的棒棒糖，「台灣豆溫馴、平凡，不會很驚艷，但很耐人尋味。就像台灣人一樣，看起來這麼平凡，卻是這麼 nice，外國人來過台灣後，一定會想再來！」

無任所大使林佳龍與夫人廖婉如拜訪時，高郁淳仔細介紹日曬、水洗或蜜處理的豆子均需細心挑除蟲蛀豆，才能符合精品豆標準。

花音咖啡莊園的招牌咖啡豆「棒棒糖」，自溫順的微酸中拉出回甘尾韻，像是童年記憶中的美好滋味。

熟成的咖啡果需人工採摘。

**地方好朋友** 高郁淳

高郁淳是台北大學社工系、法律系（財經法學組）雙學士、輔修企管學系的高材生，2015 年在父親高來吉的檳榔園中試種咖啡兩年後，首批咖啡收成、銷售，第 3 年獲得南投縣咖啡評鑑頭等獎。2019 年，開設「花音咖啡」，獲日月潭精品咖啡評鑑日曬、蜜處理、水洗 3 項優等獎。

## 💬 細說花音咖啡莊園

· 南投縣魚池鄉 2015 年起舉辦「日月潭精品咖啡評鑑」，依循 SCA 精品咖啡協會評分標準，80 分以上咖啡豆給予「日月潭咖啡精品生豆」認證。

· 以咖啡為平台串聯地方力量，協助老農提升咖啡豆品質，訓練並媒合身心障礙者為農民挑豆，透過產業「共好」吸引年輕人回鄉。

· 從莊園體驗出發，結合小旅行、咖啡館員工教育訓練等活動串成遊程，引領消費者深入了解日月潭咖啡產業與在地文化故事。

# Hugosum 和菓森林

守護日治時期老欉茶樹與老茶廠手藝
復興紅茶

---

　　走進冬寂的紅茶園，茶樹嫩芽尚未探出頭，倒成了蜘蛛、蟲兒築巢的樂園。和菓森林總經理石茱樺羞赧笑道，自家茶園採友善耕種、人工除草，蜂飛蟲咬是園子裡慣常的風景，「只是夏天採茶阿嬤常被蟲子嚇到！」

　　這裡是南投魚池鄉，也是日月潭紅茶產區，「我剛回來時，問人家有沒有喝過日月潭紅茶？大部分的人都說沒喝過，現在再問，沒喝過的變成少數，這真是非常奇妙的轉換。」石茱樺說。

　　1925 年，日本人從印度引進阿薩姆茶種試種，開啟日月潭紅茶從興盛、沉寂到復興的百年風華，石家父女兩代在這頁紅茶歷史中，便走過逾 70 載歲月。

回憶接班的 17 年，與妻子石茱樺一起打拚的陳彥權調侃：「那時是青農，現在老農了！」他倆在 2005 年放下台中如日中天的事業，返鄉來作紅茶推廣，為的不只是延續家業，更是對日月潭紅茶的深情。

## 老茶師堅守製茶手藝 70 載
## 入選亮點茶莊

　　和菓森林的故事，要從初代石朝幸說起，他是國民政府為承接日本茶廠而培訓的茶業傳習所學生，畢業後派至位在魚池鹿嵩社區的「持木製茶廠」工作，女兒石茱樺便是在茶廠裡出生。當年紅茶是政府賺外匯的重要產物，僅持木一廠年產量即達 2 萬 7 千斤，養活眾多在地居民，也讓此地繁華一時，而有「小西門町」之稱。

　　1970 年代政府推行耕地放領，從茶廠主任退休的石朝幸創立「正光茶廠」，但僅僅幾年便遭遇錫蘭紅茶低價搶市。隨著台灣工資提升、台幣升值，紅茶外銷逐漸失去競爭力，石朝幸只得逐一賣掉茶園維持茶廠運作，也曾一度轉向大宗批發，供應國內手搖飲、罐裝紅茶原料，但仍難挽頹勢。

　　直到 921 大地震重創潭區，經濟部中小企業處與魚池鄉公所輔導在地發展特色產業，成為日月潭紅茶復興的起點。石茱樺說，當時已有茶莊成立，但消費者對日月潭紅茶陌生，於是他們仿國外酒莊推展紅茶體驗，把遊客帶進潭區，更在 2014 年入選為亮點茶莊。

## 半日茶師小旅行五感體驗
## 深入走訪茶園與體驗製茶

　　隨著遊客年輕化，純飲已無法滿足市場味蕾，他們逐一開發茶點、掛耳包、體驗遊程等，如「風味六品」可以讓客人一次喝到 6 種紅茶，半日茶師小旅行帶遊客走訪茶園、體驗製茶。

　　她解釋，有別於烏龍是小葉種、半發酵、春冬品質最佳；紅茶為大葉種、全發酵、最好季節在夏秋，兩者品茗文化有極大差別。「我們必須讓消費者知道日月潭紅茶怎麼喝、怎麼泡？所以透過五感體驗，花半天就可以看到茶園、體驗揉茶、教你泡茶品味。」

　　「紅茶給我的啟發是它包容性很強、很好『鬥陣』，可以廣泛應用在各方面。」2018 年，他們再與茶改場、弘光科技大學合作，推出餐飲品牌「一頁茶傳習所」，「很多咖啡館想賣茶，但隔行如隔山，不知道怎麼泡，就可以用我們的產品方便操作。」她解釋，一頁茶是將日月潭紅茶做拼配，調出適合作奶茶、果茶或冷泡的 3 種茶款。

石茱樺在夫婿陳彥權的支持下返鄉接班，開發出多元而豐富的體驗遊程，讓民眾更能親近日月潭紅茶。

創新品牌「一頁茶傳習所」，開發簡易且符合年輕世代的紅茶品茗方式，讓消費群往下扎根。

觀光是內需火車頭，必須有觀光主流化的共識，之後則是觀光立國、找到定位跟特色，無任所大使林佳龍以
日月潭紅茶產業為例，有機會讓台灣品牌做到「在地驕傲、世界知道」。

## 一次體驗「風味六品」
## 成為網紅打卡最愛

紅茶產業從 1925 年發展至今,已成日月潭區域亮點,但石茱樺更盼它成為台灣的非物質文化,「就像去京都要喝抹茶,來日月潭一定要喝紅茶,這個產業就不怕沒有消費者。」

她翻動圖卡,述說一個又一個紅茶故事:當年從印度藏在枴杖中偷帶出來的「老欉」祖母綠紅茶、從阿薩姆改良而來的台茶 8 號、台灣野生山茶與緬甸大葉種雜交培育而成的紅玉紅茶⋯⋯。儘管產業教育推廣既緩且慢,對營收也未必立竿見影,石茱樺卻認為:「傳承產業文化,才是我們的核心。」

「紅茶的生產價值鏈很長,從採茶、製茶到服務、體驗,可以創造很大的就業機會與產值。」她所企盼的,無非是讓這一杯溫潤茶香可以讓更多人知曉,照顧在地與鄉人,讓昔如「茶金」的日月潭紅茶重新站上國際。

「風味六品」可以讓客人一次品味阿薩姆、台茶 8 號、紅玉、紅韻、
老欉、台灣山茶等 6 種紅茶,是網美打卡最愛。

# 石茱樺與陳彥權

石茱樺的父親石朝幸於林口「茶業傳習所」學習日人製茶技術後，成立「正光企業社」產製紅茶以外銷為主力，後來更供應國內飲料廠及批發市場，並創品牌「和菓森林」。石茱樺與夫婿陳彥權返鄉成立觀光茶廠的隔年，便獲得 2006 年魚池鄉農會製茶比賽大葉種組冠軍、台茶 18 號組冠軍，2014 年入選農委會農糧署亮點茶莊，2018 年經經濟部 SBTR 輔導成立創生品牌「TEAGE 一頁茶傳習所」。

## 💬 細說 Hugosum 和菓森林

· 客群主力為 20-40 歲員旅團體，現亦開發熟齡族、自由行客群，另透過潭區飯店合作票券，提供體驗與餐飲服務。

· 推出 12 種茶職人體驗，透過推展日月潭紅茶文化，延續紅茶產業；加上即佈局外語導覽甚早，接待外籍交換生與日、韓茶道師生團經驗豐富，為日月潭紅茶打出國際知名度。

· 創新品牌「一頁茶傳習所」，開發簡易且符合年輕世代的紅茶品茗方式，讓消費群往下扎根。

· 企業訂製與伴手禮有固定根基，電商則約占營收 15%，除布局國內平台，亦上架 Amazon、eBay 銷售，2020 年疫情後銷量翻倍成長。

## 🗺 認識日月潭紅茶

· 1925 年日本人從印度引進大葉種「阿薩姆」茶種試種，以日月潭產區品質最佳，成為台灣唯一阿薩姆紅茶產地。

· 1940 年代末期紅茶外銷出口量逾 7 千公噸，魚池茶區達 3 千公頃，占台灣外銷紅茶產量達 93%。

· 1970 ～ 1990 年間台幣升值、工資提升，台茶外銷競爭力萎縮，茶農紛紛改種檳榔。

· 921 地震後魚池鄉以紅茶發展特色產業，現種植面積達 600-700 公頃，以台茶 8 號（阿薩姆紅茶）為主，台茶 18 號（紅玉）、21 號（紅韻）為輔，年產量約 600 公噸，年產值可達 30 億元。

# 巫婆的森林

零負評露營區
花農帶生態體驗翻轉務農逆境

　　網路搜尋「魚池鄉巫婆的森林露營區」，跳出的第一條評語是「零負評」，第二條便是「超難訂」，「沒有這麼誇張，我們只是開放1個小時，當月（名額）就會結束！」33歲的場主蒲璽全笑說。

　　沒有豪華營帳、設備，也無水池、沙坑，位在東光村的「巫婆的森林」，卻以獨特魅力在親子露營界打出名號。「我們小時候在這兒長大，就帶客人這樣玩：看蝴蝶、抓蟲、搭流籠，都是一些免錢的東西！」與哥哥一起經營露營區的蒲仲岑如是道。

　　沒想到兄弟倆眼中平凡無奇的自然環境，與習以為常的香菇、紅茶、蘭園等產業日常，卻成了都市客難能可貴的深度體驗，也讓出身花農二代的他們，看到農業轉型的一絲曙光。

粉中帶綠的「晶鑽」虎頭蘭是蒲卉蘭園獨家培育品種，風雅細緻，頗受市場歡迎。

## 兩代齊心打造蘭花園
## 培育虎頭蘭新品種

蒲家兩代都是青農，初代蒲展男 1980 年代銜父命下鄉務農種檳榔，卻因喜愛花卉，轉向虎頭蘭培育，1991 年成立「蒲卉蘭園」。

老闆娘蔡秋香回憶，當時蘭苗都是透過貿易商從日本引進，一株苗 100 元，一個品種起碼要買 100 株，且需 4~5 年才會開花，風險性極高，「我們看花冊下單，4 年後開出來的花完全不一樣，貿易商早就落跑了！」一路走來，夫妻倆繳了 200~300 萬元的「學費」。

幸好，有株「迷你小姐」頗受北部市場歡迎，意外因禍得福。他們後續更以自行培育的品種站穩腳步，現已有 7~8 個新品種，其中還包括申請品種專利權的「晶鑽」虎頭蘭。

只是，他們進入市場時已錯失最佳時機，「民國 75~80 年是虎頭蘭最好的時候，一盆花在產地可以賣到 1、2 千元，而且外銷到世界各地去。」如今一盆花只剩 150~250 元，「花（產銷）班從 5 班變 1 班，而且人只剩一半！」

蔡秋香感嘆，這幾年因氣候暖化，花苞未及長大即萎凋，「消蕾」問題一年比一年嚴重，「不好種、利潤低」讓年輕人沒意願接班。直到她 6 年前的一場大病，喚回 3 個兒子返鄉，一家人協力拓展切花與宅配通路，也在 2017 年將家裡閒置的檳榔園闢成露營場。

蒲璽全兄弟將老家前閒置的
檳榔園整理為露營場,小木
屋則是由學建築出身的蒲仲
岑一手蓋起,蔚為特色。

東光村為虎頭蘭生產重鎮,蒲
卉蘭園創立迄今已逾 30 年。

## 轉型露營場
## 以看蝴蝶、賞螢火蟲、玩水吸引親子客

「其實剛回家時很迷惘,因為蘭花全年只有過年這段期間收成,鄉下地方在其他時間到底能做什麼?」蒲璽全自嘲,在地唯一看得到的工作機會是日月潭飯店和九族文化村,「但是我們過年就得跑回來,又沒法一直上班,很兩難。」

兄弟仨人閒著沒事,只好整理居家環境,砍掉檳榔樹、鋪上草皮,「反正親友過節回家看阿嬤,弄個草皮喝茶聊天也好。」過程中,遇上貴人——原為科技工程師、返鄉務農的「翠林農場」場主施力嘉,鼓勵他們將閒置空間轉作露營場。

蒲仲岑學建築出身、蒲璽全有機電背景,老么蒲冠廷則是社工碩士,他們以親子客為目標,規劃出小木屋與露營區。但問題又來了,「露營不像住民宿,客人來了就不走,那他們來了要幹嘛?不然來帶一些活動吧!」

看蝴蝶、賞螢火蟲、玩水做團康,「在我們來說,螢火蟲跟蒼蠅一樣是日常的存在,但是對遊客來說好像很稀有。」他們也帶親子到周邊養蜂場、香菇寮、紅茶園參觀,「春天賞虎頭蘭、夏天看紅茶、秋天採香菇、冬天撿青剛櫟,農產品季節不一樣,每個時節來玩的東西也不同,客人會不厭其煩地一直來訪。」

## 春賞虎頭蘭、夏觀紅茶、 秋採香菇、冬撿青剛櫟

4 年多來，他們不為衝量而拚價格，更在假日開放營區，「結果算一算，營收好像不輸種蘭花耶！」蒲璽全說，台灣產業這麼多，如果能做到深入兼具教育性質，每個營區都能有自己的特色。

好比日治時代東光村因日月潭「武界引水隧道」工程而繁盛一時，不但有電車軌道，村內更設有電影院、銀行，「我們東光國小全校只有 20~30 人，但是要辦百年校慶了耶！」若能透過日月潭觀光圈的延伸，將這些史蹟遺址修復，就是很好的觀光資源。

「我們從小住在日月潭，從傳統感受不好的經營模式，到現在希望改變旅遊與消費的方式，要提供的東西必然不一樣。」蒲璽全認為，深度旅遊追求精緻，勢必犧牲接待量，但「永續」才是他們重視的一環。

「這個地區的民風特色、地理條件等等，註定了它是深度旅遊、體驗的一個地方。」他說，東光能提供親善的人情、恬淡的風景，或許不像潭區繁華熱鬧，卻是他們心之所嚮的夢想之地。

# 蒲展男、蔡秋香、蒲璽全、蒲仲岑、蒲冠廷

**地方好朋友**

1991 年，第 1 代蒲展男、蔡秋香夫妻從檳榔改種虎頭蘭，創立蒲卉蘭園。2016 年，第 2 代蒲璽全、蒲仲岑、蒲冠廷兄弟陸續返鄉協助家業。家人齊心，在 2017 年將閒置檳榔園闢為「巫婆的森林」露營區。

## 💬 細說蒲卉蘭園＆巫婆的森林

· 主力客群為親子客，以中南部遊客居多。

· 以自家蘭園為基礎，串連周邊紅茶、香菇、蜜蜂園異業結盟，透過特色產業導覽創造四季不同亮點，回客率達 5 成。

· 運用東光村豐富的蝴蝶、溪流、螢火蟲等自然資源，帶玩祕境戲水、搭流籠、撿青剛櫟等鄉間活動，創造營區附加價值。

## 🗺️ 認識東光村

**面積：**15.97 平方公里　｜　**人口：**約 1,600 人

**地理特色：**舊名木屐囒，境內有日治時期引水發電留下的史蹟「向天圳」與翠林瀑布等自然景觀。

· 農業為經濟主力，蘭花、香菇皆知名，並為國內虎頭蘭生產重鎮，主要供應內銷，產量占全國 8 成。

· 2020 年東光村與埔里鎮台灣地理中心碑、虎頭山及水里車站同時納入日月潭風景區範圍。

## 觀光局紓困即時又有感　助業者抗疫情海嘯

　　日月潭名列台灣 10 大景點，每年造訪觀光客逾 440 萬人次，但 2020 年新冠疫情席捲全球，日月潭地區的觀光遭受重擊。以紅茶體驗打出名號的和菓森林總經理石茱樺回憶，那段期間大家除了彼此打氣，也擔慮現金周轉不夠，「我們還可以撐幾個月？」尤其他們以國內員工旅遊為主力，預約團多在 2 個月前作業，「所以光退團、退定金，就忙了快 1 個月。」

　　幸好觀光局針對旅宿業者提出 4 成薪資補助，「雖然不是全部，但至少減低動盪。」石茱樺說，因為這項補助，避免人事流動，得以在後來的國旅大爆發時期成為最佳支柱。同時上路的員工培訓計畫，也為暫時停止轉動的觀光旅遊業帶了契機與提升的機會。

　　石茱樺說，業者們過去各自忙著自己的生意，彼此間鮮少交流，「因為有那段時間靜下心來，大家才有機會盤點資源、橫向整合。」

　　從另外一個角度看，疫情也帶給台灣一個提升國民旅遊品質的轉機，考驗疫後能否繼續吸引國人留在台灣旅遊消費。

　　當時，交通部除了第一時間以「守護國門決戰邊境，防疫超前部署四層防護」穩定大眾焦慮不安的情緒，約莫半年，再投入約 90 億元，以「安心」為訴求，陸續推出「防疫旅遊」、「安心旅遊」、「精緻

旅遊」，以「深度旅行台灣」的方式，帶動親子同遊、攜老扶幼，讓人重新認識並體驗台灣，帶動了 1,780 萬人次的旅遊，創造產值達 618 億元。

　　有別於以往大家一放假就出國的風向，這些舉措改變了國人的旅遊習性，大家更樂意留在台灣各地走走，發現國境之美。

「旅遊就是生活！」盤點後的觀光資源、遊程都是觀光發展重要元件，必須跨部會整合，才能達到以觀光立國。

南投

| ★ 景點 | 貓纜山步道<br>水社大山<br>金龍山觀景臺<br>向山遊客中心 | ● 美食 | 蠻荒咖啡<br>鹿篙咖啡莊園<br>花音咖啡莊園<br>槌仔寮庄腳菜花園餐館 | ▽ 體驗 | 和菓森林<br>日月潭SUP體驗<br>親手窯<br>巫婆森林 |

131

● 花音咖啡莊園

▽ 和菓森林

金龍山觀景臺

● 鹿篙咖啡莊園

21

★

● 槌仔寮庄腳菜花園餐館

▽ 親手窯

★ ● 蠻荒咖啡

▽ 巫婆森林

貓纜山步道

▽ 日月潭SUP體驗

日月潭

★ 向山遊客中心

21

21甲

★ 水社大山

透過更進一步統整資源，串連更多竹竹苗區域觀光圈旅遊產業，幫助返鄉青年的創意被看見，盼讓這片土地的豐盛更加發揚光大。

浪漫散策／
竹竹苗

從來沒有一片豐饒大地，能孕育出像竹竹苗如此濃郁的客家風情，古厝與稻田，綠與紅的色彩對照，世居的農家子弟在四季流轉中，揮汗種出各式各樣的甜美水果，木雕陶瓷等職人藝匠在歲月裡，精雕細磨出一花一佛；不同於都會城市的繁華、說變就變，這裡的一景一物透出的是率真而固執的精神、對家鄉此生不渝的深情。

　　不同時節造訪，有不同的浪漫。竹竹苗山城四季繽紛，春天裡，炮仗花、薰衣草、魯冰花及繡球花相互爭妍，五月油桐溫溫柔柔，風吹落一蕊，還有千千萬萬蕊在樹間綻放；秋天一到，白鷺翩翩飛過紫色仙草田，鐵道旁的阿母們低頭手摘銅鑼菊，日曬後的黃白小花朵，在熱茶裡綻放，滋潤解救人間乾渴。

　　地理位置上，竹竹苗與台北、台中都會的距離剛剛好，離桃園中正國際機場不遠，交通方便，祕境深藏從不高調，散步漫遊就很迷人。

　　這條客家廊帶的人文特色豐富，沉睡的精采故事等待挖掘，在公視時代劇《茶金》中一炮而紅的姜阿新洋樓，正位於全台古蹟密度最高的新竹北埔老街；鄰近的內灣老街、內灣車站充滿懷舊氣息；新竹

關西羅屋書院有百年歷史，是傳統客家伙房建築的傑作；魚藤坪斷橋（龍騰斷橋）的殘垣壯觀，是日本時代的鐵道建設見證。

　　客家小鎮的歲月靜好，細妹按靚的可愛微笑，無須刻意美化，只需慢慢品嘗，也正是竹竹苗讓遠方旅人難以忘懷、一再流連的魅力所在。

# 新竹關西

羅屋書院百年風華
感動北歐遊客刺青留念

　　位於新竹關西的羅屋書院,是百年傳統客家三合院,曾經有一位芬蘭遊客 Lia 來台時,一下飛機直奔而來,只為親身體驗羅屋書院的古典美。當她環島一個月後、結束旅程返國前,決定將羅屋書院的形貌刺青在手臂上作為紀念。

　　羅屋書院管理人羅仕龍回憶當時收到對方寄來刺青照片的感動,依然難掩激動情緒:「這對我們來說,真是莫大的肯定!」

羅屋書院有百年歷史,歷時 12 年建成,羅仕龍希望建立老屋永續保存的模式和運作機制。

## 清末海運建材來台蓋豪宅
## 百年客家三合院展現古典美

羅屋書院是關西羅氏家族的私塾，1901 年興建時，從海外千里迢迢買來砂岩、泉州白石、原木等建材，歷時 12 年才完工，工藝水準極高。

當時三合院的設計師是大木匠卓見發，使用寺廟獨有的裝飾工法，像是石雕、木雕、泥塑、磚雕、剪黏等技藝，將花鳥瑞獸、傳統故事刻在屋脊上、窗樑裡，以弘揚華人文化。

傳統三合院的公廳大門窗戶是木造，但羅屋書院不一樣，特選巨石雕刻「四聘圖」，主題為忠孝廉節四個故事，「我們戲稱『四格漫畫』！」羅仕龍幽默導覽這座老宅的處處驚喜，「看樑上的雙層木雕裡還有隻麒麟，造型圓潤不威嚴，算是 Q 版的。」

關西羅家是桃竹苗在地的名門旺族，祖先在清朝乾隆時期從廣東蕉嶺梅縣渡海來台，落腳關西上南片開墾，家族傳奇人物羅碧玉不只是羅家大家長、也是昔日台灣茶葉外銷的重要功臣，其所經營的「台灣紅茶公司」（前身為「台灣紅茶株式會社」），更是日治在時期台灣民間第一個也是最大的精製茶廠。戰後，羅碧玉大膽和日本人談判，買下關西赤柯山開採石灰石，供應台泥、亞泥，事業風光一時。

羅屋書院由羅碧玉所建，主要作為羅氏子弟的私塾，在戰火無情年代，曾充當國小教室幫助地方興學，後來也曾一度借給關西天主堂幼稚園使用。

## 望族私塾開大門迎接觀光客
## 活化老街串連關西地方發展

羅仕龍是羅碧玉的後人，書院出生的他，自幼隨長輩移居台北生活，寒暑假返鄉探親，時移世異，看著書院長年深鎖、漸漸衰敗。歲月催枯的不只是羅家書院，還有關西故鄉，鎮上人口外流、高齡化，產業凋零。

「老屋若想永續，必不能獨善其身，必須能與地方發展互相呼應才行。」一股想要保護老屋的念頭在心中萌芽，40 歲的羅仕龍下定決心辭掉安穩工作，返鄉展開行動。

然而，返鄉不是容易的事，資源和人才等條件不比大城市。返鄉第一年，羅仕龍一邊研究要如何整修房子、一邊加入新竹縣文化局的關西地方發展計畫，協助將資源導入關西老街，轉型為藝術小鎮，同時招募志工修復渡南古道，辦古橋音樂會，活化在地，找回人群。

搶救老宅大作戰方面，他發現，受損最嚴重的屋牆工程浩大、經費太高，家族全員並未同意關門大修，只能走一步算一步，暫時先抽換 7、8 根木樑，整治漏水、做防火設施及斷電照明設備等基本整修，讓書院至少能開門迎賓。

老屋古色古香魅力深厚，「我們這邊雖然不是什麼著名景點，可是一直會有人來。」羅仕龍從導覽講解做起，口碑漸漸傳開，遊客一批批進來參觀，假日最高紀錄曾經從上午 8 點講到下午 4 點。

台灣是個移民社會，從先人開始慢
慢在台開墾，所以，光是在地化的
過程，就走過了 200-300 年的歷史。

羅屋書院是百年三合院，吸引喜歡
古蹟的人們前往欣賞，如先預約，
羅仕龍常親自帶隊導覽。

公廳大門窗戶上，特選巨石雕刻成
「四聘圖」。

## 合作客語樂團、劇團、金曲歌手
## 軟硬體共推客家文化

他也嘗試運用食衣住行等各種行銷方式推廣老屋，看準都市人喜歡到鄉下走走，推行結合老屋的在地輕旅行，或是在大埕辦桌吃飯，迴響很大。

為了宣揚客家文化，羅仕龍將書院借給當地「牛欄河劇團」使用，讓台灣國樂團錄製客家聲樂，盼藝術能夠扎根關西小鎮，也和客家金曲歌手錄製客謠賣 CD。

令人欣慰的是，多年努力下來，關西老街的店家、藝術家回來了，消失古道也回來了，羅屋書院成為在地重要亮點，居民們的社區參與意願愈來愈高，有地主提議打造仙草地景，財團也緊跟在後要蓋養生村，「這證明上南片的價值被看見了。」

羅仕龍感嘆，地方創生的實現，必須透過上到下集體努力，若不是客委會、文化部、教育部青年發展署、新竹縣政府、勞動部多元就業、在地協會及整個家族幫忙，這一切改變不會發生。

傳承並推廣客家文化，羅屋書院舉辦的客家「紅粄」DIY 活動。

# 羅仕龍

羅屋書院的管理人羅仕龍是 1974 年出生的六年級生，畢業於美國莫瑞大學通信系統管理研究所的他，在經歷經濟部中小企業處品質管理提升計畫產業輔導顧問後，回到家鄉，投入地方創生，也擔任關西鎮藝術小鎮發展協會理事長。

## 認識關西

**面積：**125.51 平方公里 | **人口：**2 萬 7,377 人

**地理特色：**

· 新竹市東北方為牛欄河與鳳山溪匯流之處，南鄰尖石、橫山，西南接芎林，西北為新埔，北鄰桃園龍潭，東臨桃園復興、大溪，為新竹郊區面積最大者的平地鄉鎮，以客家人為大宗。

· 物產豐富，以仙草最出名，也是仙草重要產地，產量占全台約 6 成。

· 關西老街始於清代開墾，中正路街上保有不少日治時期風格舊建築，透過在地人士的有心復興，如今有許多藝術文創店家進駐。

# 苗栗三灣

## 絕美落羽松景致
## 點亮浪漫台三線

---

　　一片落葉凋零，就能知道秋天來了；一大片落羽松轉色，馬上要準備迎接遊客的到來。

　　這種高大優美的落葉喬木，在全台掀起觀光旋風，尤其是被網路封為祕境的苗栗「三灣落羽松」，300 株落羽松靜靜矗立山谷池塘上，三三兩兩紅面番鴨悠遊相伴，浪漫美麗的秋景，一日吸引 3 萬人參觀。爆量的觀光車潮，帶動台三線上峨眉、南庄、獅潭的買氣，形成「落羽松經濟」。

　　「祕境是網路上講的，現在大家都知道，就不能再算祕境了！」三灣落羽松的主人蘇盛泉是退休工程商，對於被稱祕境、態度謙虛。原因是，他 10 多年前購入土地，一度閒置不理，偶然間看到政府推動的「浪漫台三線」政策，才想起自己有這塊地。

落羽松樹形高大優美，每到秋天轉紅，十分美麗，吸引遊客駐足欣賞。

　　他說明，這片山谷林地低窪有水、不好開發，海拔不夠高也不適合種櫻花，思來想去，大概只能種肖楠或親水的落羽松。6 年前，樹剛種好時，他只打算邀請朋友欣賞，沒想到很快被拍照上傳網路社群，一發不可收拾。

## 落羽松祕境免費參觀
## 退休工程商意外打造超夢幻打卡熱點

　　從空中往下望，秋天的三灣落羽松井然有序，紅葉蕭瑟倒映池塘，令人心醉。

　　蘇盛泉的女兒蘇佳盈透露，父親為了種這片落羽松，拿出當年作竹科工程案的精神，以嚴格標準要求樹的排列必須筆直、樹與樹之間的距離必須統一，甚至用尺丈量，一點誤差也不行。

　　這些年，每到 11 月旺季期間，龐大人潮車潮意外帶動當地的產業發展，台三線苗栗段沿線的便利商店、特產店、水果小販的生意也跟著忙碌起來，成為新聞焦點，但蘇盛泉的落羽松林卻不收門票。

「只要有人來參觀，我爸就高興了。」蘇佳盈說起父親的無私，「落羽松一爆紅，他擔心來參觀的老人家沒有地方坐，馬上叫我去買公園椅；怕大家上廁所不方便，馬上交代蓋洗手間；每到假日，還出動大卡車來載運垃圾。」

## 頭份再造私人日式花園開放免費參觀
## 成為一日遊重點

做人海派的蘇盛泉，1951 年苗栗頭份出生，在地人稱「蘇董」。白手起家的他在大成高中機械科畢業後，跟著大 5 歲的哥哥到處打工，後來哥哥成立茂存機械工程公司，承作建築配管工程，草創期遇包商倒閉損失慘重，公司差點倒閉。

兄弟倆心連心，借錢苦撐不放棄，直到 80 年代新竹科學園區設立，工程案量增加、事業出現轉機，哥哥卻因為長年過勞而因病急逝，蘇盛泉臨危掌舵。

受惠半導體起飛，1993 年竹科營業額破千億元，積體電路企業積極擴廠，蘇盛泉在友人牽線下，獲得承包飛利浦建廠管線工程機會，隨後參與華邦電、聯電等半導體建廠，在短短 5 年內，事業站上巔峰。

「相比一般製造業，高科技廠的工期和施工標準要求特別嚴格，何時完工、何日開幕，一旦敲定，就非完成不可。」蘇盛泉說，那些年承接竹科工程的壓力爆表，再加上哥哥的英年早逝，讓他決定，「錢夠用就好，退休後要做自己喜歡的事。」

真正讓蘇盛泉變成在地名人的原因，不在於經商成功，而是他60歲退休後大膽築夢，造福家鄉。

　　以前，苗栗頭份有許多礦坑，運煤車跑來跑去，人車爭道險象環生。當年還是窮小子的他一直在想：「哪天有能力，一定要打造一個私人花園，讓地方父老有一個休閒場所。」

　　為了一圓兒時的願，蘇盛泉投入3億元打造萬坪莊園「品園日式花園」，以「獨樂樂不如眾樂樂」的心情，免費開放私人花園供鄰居散步；只是，來玩的外地人比本地人多，頭份的「品園」與三灣的「落羽松林」，如今成了竹竹苗地區一日遊的重點景點。

蘇盛泉將自己打造的家園「品園」私人花園，免費開放。

蘇維拉莊園有許多特色樹屋，
五顏六色植栽豐富，是蘇盛泉
一手精心規劃。

## 南庄依山建造童話莊園
## 溜滑梯、樹屋、蘑菇屋受親子客歡迎

　　2016 年，他再跨入旅館業，在苗栗南庄山上打造蘇維拉莊園，佔地 4.8 萬坪，居高臨下環境清幽，天氣晴朗的時候，遠方的南庄老街、中港溪流以及加里山都可一覽無遺，而莊園裡極具特色的溜滑梯、樹屋、蘑菇屋，大受親子遊客歡迎。

　　樂活的人不怕老，蘇盛泉雖已年過 70，依舊活力旺盛，每天往返頭份品園、南庄蘇維拉莊園、三灣落羽松等三地之間。

　　目前，三灣落羽松基地達 33 甲，已整理開發約 7、8 甲。他透露，未來除了增加竹林步道外，大部分會保留原始地貌，慢慢朝休閒農場邁進。

　　問他起是否擔心落羽松退燒？蘇盛泉笑了笑，說：「比起剛種時，落羽松一年比一年更高大更漂亮，而且山坡上也種了不少花卉，我相信，再過 2、3 年，這裡勢必滿山遍野五彩繽紛，一年比一年有風采。」

蘇維拉莊園居高臨下，可眺望南
庄老街、中港溪流以及加里山。

## 地方好朋友　蘇盛泉

蘇盛泉是標準的苗栗頭份人，在地人稱「蘇董」，白手起家的他跟著大 5 歲的哥哥到處打工，從基層拚到建築配管工程而創業。退休後，他懷抱著對苗栗家鄉的感情，建設了落羽松園區、品園日式庭園與蘇維拉莊園。

## 認識三灣

**面積**：52.2964 平方公里　｜　**人口**：7,201 人

**地理特色**：

‧三灣的「灣」字為河流彎曲處。中港溪相連有三個彎曲，每個彎曲均有原野可設庄墾植，後易字義為灣，本鄉居第三，因得此名稱為三灣。

‧每年 4、5 月油桐花開，景色怡人。鄉內的永和山水庫為全國第一座無水閘式，以洩洪口調節水量的水庫。

‧客家鄉民祖籍多來自廣東省梅縣、蕉嶺縣，部分來自海豐、陸豐、饒平、五華及福建省汀州與江西一帶，七成以上務農，傭工次之。

# 苗栗大湖

茂谷柑玩品牌組聯盟
翻轉農村「橘二代」

苗栗大湖是水果的故鄉，縱谷地形多雨多霧，滋養著草莓、桃李、橘子等甜美果實。青農黃文詣在 2014 年從生技業離職返鄉後，成立品牌「橘二代」。他在體制下突圍、取回定價權，將自家茂谷柑包裝成木盒精品，以一盒 900 元成功打進百貨公司，同時結盟在地青農舉辦各式活動，積極投入社區發展得到「農業領航獎」，獲蔡英文總統接見。

## 不用農藥的草生栽培法
## 種出百貨公司等級精品茂谷柑

黃文詣老家在大湖山上，栽種茂谷柑近 30 年，每逢 10 月金秋到隔年 3 月產季結實纍纍，全家為了採收，忙得不可開交。

「好吃的茂谷柑，果型扁圓，皮薄多汁，酸甜交融，和栽培法大有關係。」有生技背景的黃文詣，返鄉後首先說服家人放棄使用除草劑，改用「草生栽培法」。

不能用藥、手動除草，工時多好幾倍，雖然自討苦吃，但草相底下的微生物豐富，與雨水、肥料等相互代謝後，化作豐富養分，使茂谷柑的風味更勝一籌。

枝頭上橘亮亮的茂谷柑表皮上，全都沾了一層白粉，外行人乍看以為是農藥殘留，「那是 7、8 月時噴的牡蠣殼粉（碳酸鈣），預防橘子的嫩皮被秋老虎曬傷。」黃文詣解釋。

青農黃文詣在 30 歲時返鄉，接下家族果園的工作。他認為，不應該完全依賴盤商，果農要靠行銷才能突圍。

## 特級包裝成木作禮盒
## 入選 2016 年農委會 30 大農村好物

黃文詣感嘆，橘子不像草莓是高經濟作物，又重、又賣不到好價格，1 斤只賣幾十元，密集勞動的利潤微薄。他常常思考：有沒有辦法可改變現況？

「父親的作法是採收、儲藏、出貨，我回來以後，變成採收、儲藏、分級、出貨，多了『分級』這個動作。」為了提高茂谷柑的價值，他設計「橘二代」職人手工木盒，嚴選特級大果 8~9 顆，包裝成送禮精品，定價 8~900 元。

起初，父親質疑太貴，擔心不好賣，但他第一年就銷售了 500 多盒，後來還入選 2016 年農委會 30 大農村好物。

黃文詣認為，禮盒代表「橘二代」的品牌形象，通路則代表禮盒的定位。他主攻電商或與公益團體合作，小農理念獲得新光三越百貨、統一夢公園、創世基金會、唐寶寶等客戶支持。

黃文詣成立橘二代品牌，設計木盒禮盒，從設計、組裝、釘製、鋪木屑，全都自己來。

## 青農串連舉辦田園餐桌
## 賞螢火蟲與享受客家歌謠的饗宴

務農之外，黃文詣積極參與地方活動，與大湖的返鄉青年們組成「返青富民聯盟」，除了舉辦農業論壇之外，也透過烘焙、農產、餐飲、飯店等異業結合，推出戶外餐桌、螢火蟲餐桌等活動，席間還安排客家年輕人唱客家歌曲，呼應浪漫台三線的美好，吸引不少人報名。

黃文詣也與商會朋友邀請國際著名手工果醬 MRS. BRIDGES 的創辦人來台，「我陪她走訪苗栗、台中、南投等地與在地青農交流，5天行程快結束前舉辦果醬教學，那時連涵碧樓的甜點主廚也來見習。」

在農委會水保局主辦的「108 年農村領航獎」選拔賽中，黃文詣脫穎而出，是大湖地區的代表，獲總統蔡英文接見，表揚他把客庄的農業、美食跟文化打造成特色景點。過去總統參訪苗栗台三線時，亦曾到田園餐桌跟年輕朋友一起吃飯，印象深刻。

大湖鄉長胡娘妹分析，大湖有 200 多位青農，但像黃文詣這樣懂得文創行銷、整合資源的不多。

對於青年返鄉務農的困難，黃文詣直言，如果沒有家業支持，青農從頭開始就背了上千萬的債：務農辛苦，通路難打，罕有時間參與社區活動，不了解也無能力對外找資源、找補助。小農單打獨鬥不是選擇，其實是一種無可奈何。

「我們『返青富民聯盟』是比較幸運的一群，邊摸邊學互相合作，一塊兒找資源，也盡量把資源分享出去。」黃文詣說，不管是成立橘

二代、做社區或組織青農團隊，如果能將共生共榮的精神傳達給鄉內200 多位在地青農，大家有機會整合起來一塊兒行銷，相信大湖鄉未來的發展一定會更精采！

每年 10 月到隔年 3 月是茂谷柑產季。

地方好朋友 **黃文詣**

橘二代品牌創辦人黃文詣出生於 1985 年，原是生技業上班族的他，在 2014 年從離職返鄉成為青農，努力在體制下突圍、取回定價權，成功將自家品牌挺進百貨公司，也積極投入社區發展得到「農業領航獎」，獲蔡英文總統接見。

## 認識大湖

**面積**：90.84 平方公里 ｜ **人口**：1 萬 3,530 人

**地理特色**：

· 苗栗縣南部，北連獅潭鄉，西鄰公館、銅鑼鄉、三義鄉，南接卓蘭鎮，東接泰安鄉，是苗栗縣占地最大的一個鄉。

· 有草莓王國的美名，以草莓發展出來的觀光果園形態是休閒農業的範本。

· 農產豐富多元，柑桔、甜柿、梨子、桃李、草湖芋仔冰、香茅油、蠶絲等皆為在地特產。

## 台灣人的友善特質　是最具價值的觀光資產

「越在地、越國際」的概念，在台灣已逐漸獲認同。如果要談到台灣有什麼是對世界、或是對人類文明發展的貢獻，其實就是所謂的「台灣價值」；除了大家都知道的、台灣晶片被全世界需要之外，另一個很重要的台灣價值，則是「台灣經驗」。

人類所追求的，不僅只是一些簡單的生活需求，還有精神文明這一層價值。

什麼是台灣經驗呢？就是台灣整體環境的友善和諧氛圍。這是華人社會不曾見到、大家都覺得很舒服的那一面，是一種發自內心的「友善」。

台灣人真心友善待人，源自於我們的文化。台灣是個島國、資源有限，一直以來靠境外貿易為生，所以心胸廣闊、不自私、不以自我為中心、待人如己，而且善待不同族群。台灣也是個移民社會，從開墾到慢慢在地化，歷經了 200~300 年，後來面對外來政權，仍懂尊重別人、大家和平共存。

台灣是融合多種族群而成的國家，因此，台灣人謙卑、心胸開放、有接納別人的雅量，且溫和有愛，是我們發展國際觀光旅遊時最具價值的層面。這些獨特的價值，如果是世界上的 Only one，很可能也是 Number One。

台灣整體環境的友善和諧氛圍，是發展國際觀光旅遊最有價值的層面；
而這個特質，源自於台灣獨特的文化。

★ 景點 | 落羽松秘境
羅屋書院
鄧南光影像紀念館
蘆竹湳古厝

● 美食 | 水井茶堂
樹廚房
那伊魯灣風味餐廳

▽ 體驗 | 大象自然生活農家
春池觀光工廠
橘二代
茅鄉炭坊
新城風糖休閒園區
十二寮 沽月日光

羅屋書院

61

樹廚房

▽ 春池觀光工廠

新竹市 ①  ③

新城風糖休閒園區 ▽

蘆竹湳古厝

鄧南光影像紀念館 ★

水井茶堂 ★

新竹縣

落羽松秘境 ★

十二寮 沽月日光

大象自然生活農家 ▽

那伊魯灣風味餐廳

③

③

苗栗

橘二代 ▽

61

茅鄉炭坊

# 島離・心不離

金門 馬祖 澎湖

　　身為台灣人，如果想了解完整的台灣，除了登百岳與環島，務必要走一趟外島。只有踏上金門、馬祖、澎湖的土地，才能了解台灣的全貌！吹什麼樣的風！

金門大橋是台灣工程技術的大突破，也是人類橋樑工程史上的新紀錄。

林佳龍參訪金門怡穀堂。

## 金門
## 在時光洪流並行前進

每到金門，無比歡喜，身處古色古香的清朝古厝，頗富穿越時空的悠活慢旅。從心端詳金門這座島嶼，由古城堆疊的歷史記憶，展現濃郁的戰地風情，9處國定古蹟、83處縣定古蹟，看也看不完，街上代代相傳的小吃，是踏實營生的真情真味。

2019年，台灣燈會第一次走出本島，就是落腳金門，當無人機的燈光秀，劃破天際、點亮夜空，雙主燈在金門瓊林聚落和蘭湖周邊呈現，現代燈火取代記憶砲火，世人驚豔，原來金門可以如此夢幻。

視線從天際拉回海平面，偉大美麗的金門大橋，全長不過5.41公里，卻讓金門人苦盼了20年。曾經，沒信心的人，笑它像「幽靈浮橋」，選前浮出、選後沉沒，歷經5屆總統大選，面臨流標、包商破產，不認為有完工的一天。

總有願景的人，相信眾志成城，通車是遲早的事。這座海上大橋

於 2011 年動工,歷時 10 多年建設。東北季風、高速海流,以及驚人的 6 米潮差,造就充滿挑戰的海上工程,而最困難的深槽區基樁工程進行時,林佳龍不只在陸上祈禱、也到現場「SEND 海風」,為的是與所有人打氣。

過去,從金門搭船到列嶼約 15 至 20 分鐘,如今開車僅需 5 分鐘,這是台灣工程技術的大突破,是人類橋樑工程史上的新紀錄。成功克服超堅硬的花崗岩地質困難、挑戰海溝岩盤深達 23 米,歷經千辛萬苦,終於打下第 101 支基樁,完成海下工程的那一刻,林佳龍印象深刻,大家同聲歡呼、歡慶金門大橋終於展開了雙翼,不會再「沉下去了!」

回憶當時,「我無比榮幸!」林佳龍說,曾陪蔡英文總統與這群台灣、香港、韓國組成的跨國英雄,一同在工務所吃水餃配酸辣湯,共度了一段日常而非凡的時光。

## 馬祖
### 國之北疆 應許之島

馬祖,是每個人都至少該去一趟的「應許之島」。她不僅是媽祖得道升天之地,也是我們的「國之北疆」、民主自由世界的最前線,擁有全世界密度最高的軍事坑道。

馬祖獨特的閩東文化是台灣的漢文化中,唯一的非閩南語系,在歷經海洋文化、軍事統治等軌跡,又經過時間淬煉,擁有著文化獨特性。

林佳龍曾帶著另一半與孩子到馬祖旅遊，欣逢「馬祖國際藝術島」開花結果，認識不少藝術家將嚴肅或荒廢的軍事據點，轉譯為一場場深具意義的當代展覽。

　　當時的他，從這一趟跳島藝術之旅，深刻感受著獨具特色的馬祖，也從此期盼且支持著馬祖的未來，可能透過藝術、觀光、文化、生態等多方面再造，帶動國際能見度，讓馬祖的美食、美景、美酒，與整體的觀光旅遊能量一同大幅提升。

　　不管是號稱「馬祖地中海」的北竿芹壁、無光害的大坵島，都提醒了他，很久沒抬頭星星了；「暗空之夜」活動，讓北竿全鄉路燈全熄滅，人在山頂草皮上心無雜念時，才發現原來紛繁的星光、皎潔的月光，一直都在。大坵島，清淨幽靜，只待「國際暗天協會」認證為「暗空島嶼」。

　　他也曾走訪過覓境 E19 蒙古包露營區、No.55 Hostel - 55 據點，及馬祖指標性旅店 DAYSPRING. 日光春和，透過在地青年的經營，運用巧思與創意，讓馬祖旅宿變潮了。

　　馬祖值得每一位世人造訪，不過，交通的限制還是首當其衝。林佳龍在擔任交通部長期間，馬祖鄉親期待已久，串聯南竿、北竿的「馬祖大橋」已經完成可行性研究，他指出，南竿、北竿機場正在進行擴建工程，新台馬輪也將在 2023 年打造完成，一但任督二脈打通，馬祖將不再偏遠，往返台灣本島將又快又近。

林佳龍參訪馬祖的阪里大宅。

林佳龍視察金龍頭國際郵輪碼頭規劃。

## 澎湖
## 有一種藍，叫「澎湖藍」

有一種藍，叫「澎湖藍」；可以休閒、可以自然，也可以很藝文又環保。

澎湖花火節是海島夏天的高潮，開幕當天有電音武轎遶境打頭陣，搭配噴射火焰，為花火節與澎湖觀光暖身。

2022 年，因為疫情，武轎活動延至花火節尾聲進行，改以靜態展示取代繞境，16 頂武轎一字排開，場面依然令人歎為觀止。

那日，林佳龍也和所有的信徒，隨著儀式往三官大帝廟前行，走在一段，日末白、夜未央的澎湖，齊心為台灣祈福前進的路上，天地異常美麗，內心份外感動。

藍天、白雲和綠地，澎湖南方四島、七美島的無敵海景祕境，觀察藍洞地形、體驗大自然精心雕琢的藍色仙境，讓人心曠神怡。這就是澎湖，四面環海的美地，誰不想保護它？海洋永續其實不難，只差行動。

2022「澎湖海廢地景藝術節 Penghu Marine Debris Art Festival」在東衛石雕公園舉行，以「怪獸遊樂園」為主題，探討海漂垃圾問題。林佳龍跟著群眾們，一起挽起袖子一把一把拾起海漂垃圾「瓶蓋」，放到作品中，合力完成藝術品的同時，也幫忙了淨灘。

玩澎湖，當然也很方便，有空運有船運，只是，大家的老朋友台

華輪，船齡已逾 30 多年，設備老舊效率差、趕不上所需，而新船的設計進度擱淺 10 多年，林佳龍積極向中央提報爭取，「新台澎輪」計劃才終於拍板訂案。當時，採用 DBO（Desing-Build-Operate）模式，交由民間企業建造、營運，打破既有行政框架，解決後續船隻的養護與維修問題。

　　「新台澎輪」將由台灣航業公司主導，主甲板增商務及經濟座位席，可容 4 部大巴，有 20 個冷鍊插座，鮮貨可直接運送，期待 2023 年新船下水後，提供疫後觀光的全新搭船旅遊體驗！

透過海洋可以真正認識台灣的美好。不管是跳島、環島，都提供旅遊市場新的動能，
2023 年更為跳島旅遊年。

澎湖南方四島國家公園，不管是海域或陸域的人文或自然生態環境都保存非常完整，
是觀察地質地形、與各種生態景觀的最佳區域。

# 「首都圈，你的疫後觀光第一站！」

COVID-19 疫情對全球觀光產業造成毀滅性影響，國際旅遊瞬間降至冰點，台灣邊境也從 2020 年 3 月 19 日封閉至今 2 年多，疫情海嘯第一排的觀光業者能夠持續挺到現在，很不容易。

這些日子以來，業者過得很辛苦，不知道什麼時候天才會亮，無任所大使、前交通部長林佳龍在台灣各地走訪時，不只一次勉勵大家，人是活在希望裡的，只要仍懷抱著希望，一定可以看到曙光，迎接疫後的台灣。

疫情過後，國門即將打開，台灣的首都圈、也是世界一流國際城市，身為迎接國際觀光客的第一站，該如何從點、線、面串連，重建觀光盛況、發展在地特色、提升國際能見度，以強化「觀光首都」特質來帶動台灣整體觀光發展的願景，將是首都發展的重大課題。

## 觀光是內需經濟火車頭
## 必須拉高格局談國家願景與戰略

台灣因為防疫成功與經濟表現受世界關注、被世界看見，但台灣在國際上的角色為何呢？林佳龍直言，這必須從國家級願景與戰略來

談，唯有致力發展「科技島」及「觀光島」雙引擎，才能創造更鮮明的台灣意象。

　　林佳龍指出，台灣有護國神山、有半導體與資通訊產業鏈被世界需要，未來勢必走向「系統整合的供應商」，不再侷限於單純的代工業或製造業，而是成為供應鏈的隱形冠軍。他在訪問 12 位企業家的前瞻遠見後，於 2022 年初所出版的《科技特派員》一書中，首度以「科技島」概念討論台灣產業動向，及面對全球化競爭下的國內產業整合與國際協力合作。

　　雖然，智慧生活、元宇宙、物聯網、電動車、生技疫苗、綠能科技等聚焦科技創新的第四級產業可能帶動投資與出口，成為台灣經濟成長的主要動能，不過，第四級產業屬知識密集型，國人還是以第三級產業、服務業為主，從業人口多達 6 成。

　　因此，林佳龍認為，另一顆引擎「觀光島」則扮演著支撐服務業發展的重要角色；他觀察，觀光旅遊所觸及的食、宿、遊、購、行，幾乎是生活產業的總合，承載國內大量的就業人口，更是內需經濟的火車頭。

疫情的變化，讓全世界震撼。兩年多來，觀光產業可說是面對嚴重的疫情海嘯，但活下來的觀光業者正在不斷地透過滾動式調整，讓體質更好。

疫後時代，應善用創意讓大首都圈首都圈變好玩，成為疫後國際觀光客出國旅遊第一站。

## 從三支箭到三觀策略
## 讓在地驕傲全球知道

台灣的觀光業面臨轉型，政府也積極以政策引導升級。不過，如何凝聚觀光相關產業、跨部會及跨單位的想法，並達成共識，已然是後疫情時代最重要的課題。

台灣的觀光資源多元且豐富，大家有目共睹，也一致認同它具備足夠實力發展為觀光大國。只是，我們有必要翻轉過去總將觀光當作末梢的思維，改以觀光為主軸來驅動整個政府治理的維新。

事實上，林佳龍在交通部長任內，特別將觀光產業視為經濟發展的一環，政策上，曾為拚觀光射出三支箭：第一是召開全國觀光發展會議、凝聚共識，第二是制定「Taiwan Tourism 2030 台灣觀光政策白皮書」，以提升觀光發展的效能，第三為推動觀光局改制為觀光署。

在他的眼中，觀光可以目標、也是策略。三支箭的下一步，便是重要的「三觀策略」：觀光立國、觀光主流化、觀光圈及產業聯盟；目的是為產業打好基底，形塑台灣觀光新面貌，將台灣打造為最友善、最具吸引力的旅遊目的地。

● 觀光立國

觀光立國，是指將觀光產業列為國家發展重要的戰略性產業。觀光產業是內需經濟的火車頭，要找到其定位與特色，而台灣的觀光品牌要做到「在地驕傲，全球知道」，才能帶動各行各業的價值。

如這次防疫成功，讓台灣被世界看見，應該趁此時掌握契機，讓台灣從「防疫大國」邁向「觀光大國」，因此透過由下而上、以產業為主體的方式，營造更好的發展環境，形成台灣觀光國家隊。

● 觀光主流化

觀光主流化主要是期許中央及地方政府施政，將觀光列為重要戰略，向觀光看齊、為觀光服務，一起拚觀光，共同提升整體觀光旅遊環境友善度，打造台灣觀光的品牌。

透過此策略，將促動各部會、地方，攜手合作解決旅客到旅遊地的痛點，完善「食、宿、遊、購、行」之服務，將觀光主流化推展到全國。

● 觀光圈及產業聯盟

跨域整合區域觀光特色，由交通部籌組觀光圈及產業聯盟，透過產業化引導穩定的客源深入地方，讓在地的經濟活化，帶動各地區發展。目前，已經有東北角、參山、阿里山、雲嘉南、西拉雅、大鵬灣及日月潭等 7 個國家風景區管理處，優先推動觀光圈執行計畫。

於此同時，觀光局輔導成立 10 個觀光產業聯盟，期透過管理處整合在地組織、產業夥伴，組成區域觀光產業聯盟，確定主題品牌觀光產品，分成景區整備、國內旅遊及國際行銷等三面向執行，促進在地扎根永續觀光。

林佳龍在擔任交通部長時，陸續推動淡江大橋、淡海輕軌等建設，未來將以交通建設為根基，結合觀光發展資源，將淡水、八里、北海岸和基隆，串連成世界級旅遊目的地，讓北海岸海洋國家門戶印象再度躍上國際舞臺！

疫後時代，應善用創意讓大首都圈變好玩，成為疫後國際觀光客出國旅遊第一站。

## 觀光業需要轉型升級、讓產品加值
## 深度旅遊是趨勢

經過疫情的考驗，大家旅遊習慣已改變，不再止於拉長距離或求景點量。Airbnb 執行長 Brian Chesky 援引 Airbnb 數據提出，旅行者目的地將會重新分配，新的旅遊型態崛起，鄰近地區長時間停留的深度探索模式，將取代到此一遊型態的地標拍照排隊打卡遊程。

也就是說，觀光業的「體驗經濟」時代來臨，旅人購買的不再只是遊程，而是無可取代的體驗。

以前，很多人會諷刺陸客來台旅遊，起得比雞早、跑得比馬快、吃得比豬差；如今，面對體驗經濟趨勢，林佳龍提醒，服務是舞臺，商品為道具，觀光業者要有新的想像，以整合取代單打獨鬥，展現世界級的體驗。舉例來說，阿里山、日月潭，雖然是頂級的旅遊目的地，但觀光客不會單只到一個定點，完整旅途服務必須涵括食、宿、遊、購、行，而觀光也不再只有看看風景，還會實地參與生態旅遊、文化旅遊等。

全世界陸續邁向解封，台灣不可能遺世獨立，與疫共存將會是常態。觀光業的轉型升級迫在眉睫，林佳龍說，機會是留給準備好的人，唯有產品加值，朝深度旅遊、Long Stay 發展，當旅客體驗獨特、感受快樂，就能建立好的口碑、不斷創造回流，像候鳥般一來再來。

卸下交通部長職務後，林佳龍走訪台灣各地觀光圈，從農遊體驗、生態旅遊、地方創生到文創觀光，也造訪馬祖國際藝術島進行跳島旅

遊，親自體驗許多在地多元的特色遊程。

他深刻感受到各地業者在這兩年多來的積極，不管是優化旅遊環境及串連在地觀光特色與地方生活產業，以及將台灣的旅遊元素朝向在地化、差異化、精緻化與品牌化的發展，都有助於未來吸引國際觀光客，發展多元觀光方案，行銷台灣是最安全、最神祕、亦是疫情過後出國旅遊的第一站。

## 如何超前部署、掌握疫後契機？
## 台灣準備好了嗎？

隨著疫情的逐漸趨緩，國門即將打開，如何超前部署、掌握契機？平心而論，當各國都在起跑線上時，台灣準備好了嗎？

這種心情對林佳龍而言，並不陌生。因為早在全球疫情爆發之前，他已經先面對一場政治海嘯。2020 年大選的前 1 年，林佳龍在 2019 年 1 月 14 日就任交通部長時，已經預見陸客來台觀光人數限縮的可能。

他說當時進行了一項假設與建設，「如果來台觀光人數減少，如何提升國旅的品質？」並因應陸客來台人數歸零的可能，醞釀新的發展；也就是說，如何透過品牌化增加台灣觀光的價值，而不再只是拚價格。

果不其然，同年的 8 月 1 日起，中國官方公布限縮陸客來台；同一天，台灣也宣布國旅提升措施與擬定相關預算準備。

他在交通部長任內，先後歷經政治海嘯與疫情海嘯；因此，他很

清楚，當必須在有限的時間內危機處理重要任務時，精準的判斷力與決策的輕重緩急，極為重要。

## 首都圈是所有國際觀光客來到台灣的第一站

如何在疫後重建觀光業，並重塑城市獨特的深度旅遊體驗，已成為了全球觀光城市的課題。首都圈，勢必面臨與東京、首爾、新加坡及曼谷等亞洲國際觀光大城的競爭。這時，我們需要思考的是，首都圈做了什麼樣的準備，能夠迎接國際觀光客在「疫後出國的第一張機票」？

林佳龍分析，國際觀光客飛抵桃園機場、進了國門，第一站通常直接進入首都圈。根據官方統計數據，從每一年從 4 個機場入境旅客的遊程觀察，有高達 87.83% 到訪雙北、人數多達 104 萬人，平均住宿 3.4 日，每人每日均消約 255.97 美元（約合台幣 7,205 元），產值接近 91 億元台幣。如何讓這個數字呈現倍數成長，將成為觀光產業的挑戰。

新北市擁有山林、溪谷、河岸、溫泉、海洋等自然美景，不管是走訪野柳地質公園、老梅石槽、三貂嶺瀑布，見證大自然的奇蹟，還是，進入九份、菁桐、平溪老街尋幽訪勝，一個小時之內都可以上山下海暢遊。

根據日本當地民調，疫後最想去的國家，台灣是首選。林佳龍相信，疫後的首都圈有極大潛力吸引國際旅客到訪。

首都圈具備交通優勢，不但有桃園機場與松山機場兩個空港，還有基隆港與首都圈港兩個國際海港，以及完善的雙鐵、捷運與公路網，人流、物流、資訊流暢通無阻。

當硬體不是主要問題的時候，提供觀光客從高鐵、臺鐵、捷運、公車、共享機車或單車等一日通用的交通卡等，滿足旅人「最後一哩路」的需求，優化觀光客的交通體驗並不難。

林佳龍認為，強化都會區的旅遊體驗項目的「安全、友善、吸引力」，才是首都圈疫後旅遊必須強調的重點。台灣的安全，全世界看得見；友善與多元美食也是台灣的強項。

首都圈若想成為國際觀光都市、並且吸引旅客多停留一晚，必須正視過去較少著墨的部分，他提出以下五點：

**一 夜生活豐富化**

首都圈的晚上能玩什麼？除了夜市、24 小時誠品之外，新北市可以訴求結合大自然美景的瑞芳水湳洞「點亮十三層遺址」、平溪放天燈、金山泡溫泉、淺水灣咖啡街…等，以及透過「目的」規劃夜間遊程、規劃交通，帶動景點發展，增加遊客留在首都圈過夜的動機。

**二 偉大城市應該有美麗的河流**

每座偉大城市都有條偉大的河流。法國巴黎有塞納河，英國倫敦有泰晤士河，韓國首爾有漢江與清溪川，泰國曼谷有昭披耶河，這些河岸地帶的活動都相當精采。反觀台灣的首都圈，緊鄰淡水河、基隆河、新店溪等美麗河流，長久以來一直未看到策略性地整治、開發，

與河岸景觀的規劃。

### 三 只有文化才可以成就旅行

文化是城市的靈魂,城市是文化的容器。新北市非常多古蹟、歷史建築、紀念建築、聚落建築群、考古遺址、史蹟、文化景觀、古物、傳統藝術、傳統工藝、表演藝術、民俗及有關文物等豐富的文化資產,應作適度的保存並活化再運用,讓首都圈文化復興。

### 四 營造「English Friendly」英語友善環境

首都圈的硬體及指標上的英文使用廣泛,但在數位世界還是缺乏了英文化的操作基礎,如:餐廳網站的英文化,對不熟悉中文的國際旅客來說並不友善。除了加強英語介面行銷城市,也應輔以英語社群媒體的力量,創造議題。

### 五 城市中的大型家庭活動設施

如果首都圈能有國際級沉浸式家庭互動娛樂中心,將會是相當吸引人的亮點。

林佳龍的首都圈觀光藍圖,範圍有多大?他以東京為例,向外輻射出一個旅遊範圍,連動雙北、基隆、宜蘭、桃園的上山下海旅程間,正是他所謂「推動首都圈觀光以帶動北台灣、乃至於全台灣觀光」的重要邏輯思維。

危機就是轉機,曙光已經出現。林佳龍指出,觀光基礎建設必須從看得到的馬路到看不到的網路,一體建構。

當全世界都認為台灣是一個像謎一樣的地方時,政府及全民都必須作足準備,放下本位主義,齊心協力用創意讓首都圈變好玩,打造為觀光首都,成為國際觀光客疫後旅遊的第一站。

林佳龍在擔任交通部長時,推動以交通建設為根基,結合觀光發展資源,將淡水、八里、北海岸和基隆,串連成世界級旅遊目的地,讓北海岸海洋國家門戶印象再度躍上國際舞臺!

# 和林佳龍一起去旅行
## 那些走讀、療癒、愛戀山海的光合之旅

導　　讀／林佳龍
主　　編／潘潘
責任編輯／吳永佳
美術編輯／申朗創意
企畫選書人／賈俊國

執行統籌／潘潘
文稿編輯／潘潘
採訪撰稿／郭美懿、蔡碧月、潘潘
攝　　影／康仲誠、洪舜南、周志長、陳鴻文、林玉偉、潘潘
圖像授權／周志長、李婉蓉、台灣潛水、光覺攝影（海岸咖啡提供）、樂活海洋學院
封面設計／張寧恕
美術插畫／張寧恕
執行統籌／讓世界愛上台灣股份有限公司

總 編 輯／賈俊國
副總編輯／蘇士尹
編　　輯／高懿萩
行銷企畫／張莉榮、蕭羽猜、黃欣

發 行 人／何飛鵬
法 律 顧 問／元禾法律事務所王子文律師
出　　版／布克文化出版事業部
　　　　　台北市中山區民生東路二段 141 號 8 樓
　　　　　電話：(02)2500-7008 傳真：(02)2502-7676
　　　　　Email：sbooker.service@cite.com.tw
發　　　行／英屬蓋曼群島商家庭傳媒股份有限公司城邦分公司
　　　　　台北市中山區民生東路二段 141 號 2 樓
　　　　　書虫客服服務專線：(02)2500-7718；2500-7719
　　　　　24 小時傳真專線：(02)2500-1990；2500-1991
　　　　　劃撥帳號：19863813；戶名：書虫股份有限公司
　　　　　讀者服務信箱：service@readingclub.com.tw
香港發行所／城邦（香港）出版集團有限公司
　　　　　香港灣仔駱克道 193 號東超商業中心 1 樓
　　　　　電話：+852-2508-6231　　傳真：+852-2578-9337
　　　　　Email：hkcite@biznetvigator.com
馬新發行所／城邦（馬新）出版集團 Cité (M) Sdn. Bhd.
　　　　　41, Jalan Radin Anum, Bandar Baru Sri Petaling,
　　　　　57000 Kuala Lumpur, Malaysia
　　　　　電話：+603- 9057-8822　　傳真：+603- 9057-6622
　　　　　Email：cite@cite.com.my
印　　刷／韋懋實業有限公司
初　　版／2022 年 10 月
定　　價／380 元
Ｉ Ｓ Ｂ Ｎ／978-626-7126-79-0
Ｅ Ｉ Ｓ Ｂ Ｎ／978-626-7126-81-3（EPUB）

城邦讀書花園　布克文化
www.cite.com.tw　www.sbooker.com.tw